LES ALMANACHS

DE LA RÉVOLUTION

TIRAGE A PETIT NOMBRE

Il a été tiré en plus :

100 exemplaires sur papier de Hollande.
 20 — sur papier de Chine.
 20 — sur papier Whatman.

140 exemplaires, numérotés.

HENRI WELSCHINGER

LES
ALMANACHS
DE LA
RÉVOLUTION

PARIS

LIBRAIRIE DES BIBLIOPHILES

Rue Saint-Honoré, 338

—

M DCCC LXXXIV

Tous droits réservés.

A MA MÈRE

AVEC LES SENTIMENTS

DE MA VIVE ET RESPECTUEUSE TENDRESSE.

OUVRAGES DU MÊME AUTEUR

Chez Sandoz et Fischbacher :

    André Chénier. . . . .   1 vol. in-8.

Chez Lemerre :

    Charlotte Corday. . . . .   1 vol. in-8.
    Le Phare. . . . .   1 vol. in-18 jés.
    A Dieu vat !. . . . .   1 vol. in-18 jés.

Chez Charavay :

    Le Théatre de la Révolution. .   1 vol. in-12.
    (Ouvrage couronné par l'Académie française.)

    Ranza. . . . .   1 vol. in-12.

    La Censure sous le premier Empire.   1 vol. in-8.
    (Ouvrage couronné par l'Académie française.)

    Les Bijoux de Madame Du Barry.   1 vol. in-24.

THÉATRE.

Chez Lemerre :

    La Fille de l'Orfèvre, comédie, en collaboration avec M. Octave Lacroix.

PRÉFACE

> « L'almanach est chose plus grave que ne le croient les esprits futiles. »
>
> MICHELET (*Histoire de la Révolution française*).

L'ALMANACH, si simple qu'il paraisse à première vue, est cependant une manifestation de l'esprit qu'il ne faut pas laisser dédaigneusement de côté, car presque toujours la pensée populaire s'y trouve exprimée dans son originalité naïve et attrayante. C'est avec l'almanach qu'a été bercée l'enfance de nos pères; ce sont ses vieilles chansons qu'ont murmurées nos grand'mères; ce sont les légendes dont il a recueilli les récits, qui peuplent et charment nos souvenirs. Feuilletez un almanach, et l'imagination vous montre aussitôt les paysans penchés, le soir, sur ce grossier petit livre à couverture grise ou bleue, étudiant les pronostics des jours et des saisons, lisant avec une joie franche quelques anecdotes gauloises, ou se posant gravement le secret d'énigmes faciles à déchiffrer Pour moi, je ne puis oublier avec quelle impatience nos paysans d'Alsace attendaient l'arrivée du MESSAGER BOITEUX : je vois encore dans leurs mains ce grand cahier, avec son curieux frontispice et la reproduction de cette belle cathédrale qui, tout enfant, me pénétrait déjà d'une profonde admiration. Ni livre ni journal ne l'emportaient dans la pensée de mes chers compatriotes sur le Messager boiteux de Strasbourg.

Quelle époque n'a pas eu ses almanachs? Quelle classe de la société n'a pas eu les siens?... Si l'on me permettait, en passant, un peu d'érudition, je rappellerais, par exemple, que le premier almanach, ou armenac, a été présenté, en 1431, au duc Philippe III dit le Bon par maistre Jehan de Wisalia, médecin, et je parlerais du premier calendrier xylographique de Johann von Smtinden, que l'on fait remonter à 1439, ainsi que de l'Almanach Nova publié à Venise en 1504. Je dirais que les bergers ont eu leur grand Compost ou calendrier en 1516; les laboureurs, leur Prognostication en 1588; les savants, leur almanach avec la division des temps, les discours des éclipses et leurs significations pour les affaires du monde en 1613; *les amateurs de prophéties, l'almanach du sieur Tabarin en* 1622; *le Roi, son almanach royal en* 1669; *les courtisans et gentilshommes, leur almanach de la cour en* 1649; *les curieux d'éphémérides, l'almanach historial en* 1673; *les chercheurs d'aimables aventures, leur grand almanach d'amour en* 1657, *et leur almanach perpétuel d'amour en* 1681. Cupidon le mettait en vente à l'île d'Adonis, rue des Belles, à l'enseigne de Vénus!... *Les historiens avaient, eux aussi, leur almanach consacré au siège de Luxembourg et à l'état de l'empire ottoman en* 1685-1686; *les commerçants et voyageurs, leurs adresses de la ville de Paris en* 1691; *les dévots, leur almanach journalier en* 1692, *avec la chronologie des papes et la liste des cardinaux, sans compter les étrennes jansénistes en* 1733; *les gens du monde, en* 1741, *leur almanach nocturne, où se trouvaient de petites historiettes galantes; les chanteurs, leur almanach chantant en* 1750; *les écrivains, leur almanach littéraire en* 1777; *les poètes, leur almanach des Muses en* 1765; *les peintres et sculpteurs, leur almanach des artistes en* 1774, *etc., etc.* Je pourrais en citer davantage, mais le sévère Boileau me murmure à l'oreille :

Qui ne sait se borner. . . . .

Une dernière remarque toutefois. De même que les bons vivants qui ont reçu pour étrennes « l'Art de vivre agréablement sans nuire à sa santé », les maris infortunés ont eu leur almanach... Je me garderai bien d'en donner le titre exact.

Dirai-je un mot d'almanachs plus connus, tels que l'almanach Liégeois, l'almanach de Mathieu Laensberg, l'almanach de Franklin ou du Bonhomme Richard, l'almanach de l'Observatoire et l'almanach de Paris? Faut-il citer encore les almanachs historiques, encyclopédiques, chronologiques, généalogiques, astronomiques, iconologiques, topographiques, géographiques; les almanachs des monnaies, des routes, des diligences, des rues, de la petite poste, des coches d'eau?... Le XVIIIe siècle n'a rien oublié : Jeux, plaisirs, divertissements de tout genre, ruelles, chansons, à-propos, calembours, balivernes, anecdotes, amourettes, galanteries, délices du cœur, devinettes, prophéties, étrennes bachiques, dramatiques, énigmatiques, lyriques, anacréontiques, gaillardes, poissardes, morales, bouffonnes, mignonnes, universelles, tout, oui, tout a eu ses almanachs. Certains titres de ces opuscules sont d'une gaieté fort réjouissante, ainsi: LE BIJOU DES DAMES, LES ENFANTS DE LA JUBILATION, LES BIGARrures de Cythère, les Charmes de la volupté, le Petit Polisson, le Petit Fripon, le Petit Folatre, le Répertoire des belles, le Triomphe du sentiment [1].

Je veux bien reconnaître que certains de ces almanachs ne sont pas dignes d'une attention très soutenue, mais il n'en est pas de même pour les almanachs parus pendant la période révolutionnaire.

Ces petits livres représentent en effet, avec fidélité, les opinions de l'époque en même temps que ses nombreuses et étranges fluctuations : aux conseils, aux recettes, aux pronostics, aux énigmes, aux charades, ils ont fait succéder les prédictions menaçantes des partis, la satire des choses et des individus, le récit et l'appréciation humoristiques des principaux événements de l'année. Les almanachs des ouvriers, des cultivateurs, des bergers, des poètes, des littérateurs se sont transformés, pour la plupart, en manuels civiques, en abécédaires républicains ou en catéchismes royalistes, cherchant les uns et les autres à propager parmi les masses des sentiments d'affection ou de haine pour la République ou pour la Royauté. Ils méritent

---

1. Voyez l'Esprit des Almanachs de Le Camus de Mézières. Paris, Blanchon, 1789.

Une dernière remarque toutefois. De même que les bons vivants qui ont reçu pour étrennes « l'Art de vivre agréablement sans nuire à sa santé », les maris infortunés ont eu leur almanach... Je me garderai bien d'en donner le titre exact.

Dirai-je un mot d'almanachs plus connus, tels que l'almanach Liégeois, l'almanach de Mathieu Laensberg, l'almanach de Franklin ou du Bonhomme Richard, l'almanach de l'Observatoire et l'almanach de Paris? Faut-il citer encore les almanachs historiques, encyclopédiques, chronologiques, généalogiques, astronomiques, iconologiques, topographiques, géographiques; les almanachs des monnaies, des routes, des diligences, des rues, de la petite poste, des coches d'eau?... Le XVIIIe siècle n'a rien oublié : Jeux, plaisirs, divertissements de tout genre, ruelles, chansons, à-propos, calembours, balivernes, anecdotes, amourettes, galanteries, délices du cœur, devinettes, prophéties, étrennes bachiques, dramatiques, énigmatiques, lyriques, anacréontiques, gaillardes, poissardes, morales, bouffonnes, mignonnes, universelles, tout, oui, tout a eu ses almanachs. Certains titres de ces opuscules sont d'une gaieté fort réjouissante, ainsi: LE BIJOU DES DAMES, LES ENFANTS DE LA JUBILATION, LES BIGARrures de Cythère, les Charmes de la volupté, le Petit Polisson, le Petit Fripon, le Petit Folatre, le Répertoire des belles, le Triomphe du sentiment [1].

Je veux bien reconnaître que certains de ces almanachs ne sont pas dignes d'une attention très soutenue, mais il n'en est pas de même pour les almanachs parus pendant la période révolutionnaire.

Ces petits livres représentent en effet, avec fidélité, les opinions de l'époque en même temps que ses nombreuses et étranges fluctuations : aux conseils, aux recettes, aux pronostics, aux énigmes, aux charades, ils ont fait succéder les prédictions menaçantes des partis, la satire des choses et des individus, le récit et l'appréciation humoristiques des principaux événements de l'année. Les almanachs des ouvriers, des cultivateurs, des bergers, des poètes, des littérateurs se sont transformés, pour la plupart, en manuels civiques, en abécédaires républicains ou en catéchismes royalistes, cherchant les uns et les autres à propager parmi les masses des sentiments d'affection ou de haine pour la République ou pour la Royauté. Ils méritent

---

1. Voyez l'*Esprit des Almanachs* de Le Camus de Mézières. Paris, Blanchon, 1789.

donc une place parmi les innombrables publications de la Révolution française : ils méritent aussi une sérieuse étude.

La première partie de cet ouvrage est consacrée aux almanachs politiques, la seconde aux almanachs littéraires et la troisième aux almanachs techniques. Ces trois parties, qui embrassent la période comprise entre 1788 et 1799, sont suivies de pièces annexes et de la bibliographie des principaux almanachs de la Révolution.

Je m'empresse d'offrir ici tous mes remerciements à M. Charles-Edmond, bibliothécaire en chef du Sénat, à MM. les Bibliothécaires de l'hôtel Carnavalet, de la Bibliothèque nationale et de l'Arsenal, qui ont mis à ma disposition leurs collections précieuses avec la meilleure grâce du monde.

H. W.

PREMIÈRE PARTIE

LES ALMANACHS POLITIQUES

I

Le premier qui, à la veille de la Révolution, eut l'idée de composer un almanach politique, est un assez curieux personnage : Sylvain Maréchal. Enfant de Paris, avocat de titre seulement, et mettant au service des lettres une certaine facilité de style mêlée de quelque érudition, il avait voulu arriver, de bonne heure et à tout prix, à une renommée quelconque. Il débuta par des essais de poésie légère, puis par des odes érotiques et par un dictionnaire d'amour, œuvres frivoles qu'il signa du pseudonyme galant : le berger Sylvain. Il avait obtenu, en 1781, la place de sous-bibliothécaire du collège Mazarin, mais il la perdit quelques années plus tard pour avoir publié une parodie de la Bible, intitulée *le Livre échappé du déluge*. Cette fois le scandale avait attiré l'attention sur l'auteur. Décidé à profiter de l'aubaine, Sylvain Maréchal écrivit en 1788 l'*Almanach des Honnêtes Gens*[1]. Cet almanach était daté prétentieusement de l'an premier du règne de la Raison. L'année commençait au mois de mars, qui prenait le nom de *Princeps*. Avril devait s'appeler *alter*, mai *ter*, juin *quartile*, juillet *quintile*, août *sextile*; septembre, octobre, novembre, décembre conservaient leurs noms. Quant à janvier et à février, ils recevaient la lourde dénomination de undécembre et duodécembre. Mais ce qui faisait surtout la nouveauté piquante de cet almanach, c'était la substitution « d'honnêtes gens » aux saints et saintes du calendrier grégorien. A la place de saint Basile, sainte Geneviève, saint Gabriel, sainte Émilie, etc., on voyait apparaître Martial, Dupleix, Saladin, Santerre, Eudoxie, La Vallière, Agnès Sorel... Il faut reconnaître cependant que le 3 avril avait été généreusement réservé à Jésus-Christ, et que le 21 octobre, ancien jour de sainte Ursule, on célébrait « la fête du père du rédac-

---

[1]. Paris, 1788, in-8º. — Réimprimé à Nancy en 1836.

teur ». Enfin chaque mois était divisé en trois décades, et les cinq ou six jours excédant les trois cent soixante-cinq jours de l'année s'appelaient jours épagomènes, consacrés aux fêtes de l'Amour, de l'Hyménée, de la Reconnaissance, de l'Amitié et des Grands Hommes. On voit que l'almanach de Sylvain Maréchal est le premier qui ait inspiré l'idée du calendrier révolutionnaire.

Le tapage que souleva cet opuscule, dès son apparition, fut assez grand pour que le Parlement, malgré l'approbation de la censure, rendit à son sujet un arrêt de condamnation, le 7 janvier 1788. Maitre Antoine-Louis Séguier, avocat du roi, déclara qu'il venait de prendre communication de l'imprimé que la Cour lui avait fait remettre et sur lequel elle lui demandait des conclusions. Il commença par critiquer l'audace du titre : « Almanach des honnêtes gens, qui ne contient que la nomenclature des gens honnêtes!... » Il qualifia d'odieuse la collection des noms du nécrologe, où l'auteur, dans un amalgame bizarre, avait réuni à la fois des noms respectables et des noms dignes de mépris. « On est indigné, disait-il, de voir Moïse rangé dans la même classe que Mahomet. Hobbes, Spinoza, Voltaire et Fréret sont surpris d'être honorés comme Bossuet, Pascal, Fénelon et Bourdaloue. Socrate et Platon ne sont pas plus recommandables qu'Épicure et Démocrite. Spartacus est égal à Cicéron. Caton n'est pas plus vertueux que l'assassin de Jules César. Vespasien ressemble à Marc-Aurèle. Titus est mis en parallèle avec Cromwell, et Julien se trouve à côté de l'empereur Trajan. Quelle idée l'auteur s'est-il donc faite de ce qu'on peut appeler un honnête homme? Quel blasphème d'associer le nom de notre divin Sauveur à une multitude d'idolâtres et même de scélérats!... » Maître Séguier attaquait aussi la date de l'ouvrage : « Peut-on lire sans indignation, s'écriait-il, que cet almanach est donné pour l'an premier du règne de la Raison, comme si la raison ne pouvait dater son empire que de l'époque qu'un vil troupeau d'incrédules veut bien lui assigner; comme si le monde avait été jusqu'à présent dans les ténèbres?... » Il terminait en requérant que cet écrit fût livré aux flammes, afin d'attester publiquement que l'auteur était un homme impie et blasphémateur. L'arrêt suivant fut alors rendu : « Vu l'imprimé commençant par ces mots : Almanach des honnêtes gens, etc... La Cour ordonne que ledit imprimé sera lacéré et brûlé dans la cour du Palais, au pied du grand escalier, par l'exécuteur de la haute justice comme impie, sacrilège, blasphématoire et tendant à détruire la religion... »

L'exécution eut lieu le 9 janvier, en présence de l'écuyer Étienne-Timoléon Ysabeau, greffier de la grand'chambre, assisté de deux huissiers de la Cour. Défense formelle fut faite aux libraires, colporteurs et autres de vendre l'almanach, tandis que Sylvain Maréchal était condamné à être appréhendé au corps et constitué prisonnier à la Conciergerie du Palais, pour être ouï et interrogé par le conseiller-rapporteur, sous peine de confiscation de ses biens. Les amis de l'auteur crurent qu'en sollicitant contre lui une lettre de cachet, ils pourraient rendre nulles les poursuites du Parlement, mais l'erreur d'un commis fit expédier la lettre pour Saint-Lazare, prison réservée, comme on le sait, aux gens de mauvaises mœurs. Sylvain Maréchal y demeura quatre mois, et son biographe, Lalande, a la bonté de nous apprendre que « cette réclusion lui fit le plus grand tort dans le monde ».

Sylvain Maréchal se vengea à sa manière de cette condamnation, en reproduisant son almanach avec commentaires en 1789, 1791, 1792 et 1793, puis en écrivant, en 1794, une pièce immonde, le *Jugement dernier des rois*, et en publiant, à la fin de sa vie, le ridicule *Dictionnaire des athées*, où, fidèle à sa méthode, il mêla aux noms d'athées connus les noms de Jésus-Christ, de saint

Augustin, de Pascal, de Bossuet, de Leibnitz, etc.[1]. La renommée que cet écrivain médiocre avait tant recherchée ne fut que du scandale. Que reste-t-il aujourd'hui du berger Sylvain[2]?

Mais Maréchal avait donné le branle, et son almanach, qui eut une vogue extraordinaire, grâce à l'arrêt solennel du 7 janvier, en inspira d'autres. C'est alors qu'on voit de toutes parts surgir ces petits livres politiques avec des titres flamboyants : *le Portefeuille des Patriotes*, les

---

1. On jugera de la valeur de ce dictionnaire par ce court extrait : « Si plusieurs des athées revenoient au monde, que ne feroit-on pas pour être admis à leur intimité, partager leur bonheur facile et sans remords ?... Lequel d'entre nous regretteroit sa journée, s'il en avoit passé les premières heures à l'école de Pythagore ou d'Aristote; puis, acceptant l'hospitalité chez Anacréon, Lucrèce ou Chaulieu, et après s'être promené dans les jardins d'Épicure ou d'Helvétius, *se laisseroit surprendre par la nuit entre Aspasie et Ninon ?...* »

2. Voici le jugement de Meister, inséré dans le tome XV de la Correspondance de Grimm, sur l'*Almanach des Honnêtes Gens* : « C'est un almanach dans la forme la plus vulgaire, mais où l'on a substitué aux noms des saints ceux des hommes célèbres de tous les siècles, de toutes les religions et de tous les peuples : cette sottise a causé tant de scandale que l'on s'est cru obligé de la dénoncer au Parlement. La dénonciation a été suivie d'un réquisitoire foudroyant qui a provoqué non seulement la flétrissure de l'imprimé, mais encore un décret de prise de corps contre l'auteur, M. Sylvain Maréchal, autrement dit le *Berger Sylvain*, connu par un grand nombre de petits écrits, et surtout par une jolie pièce fugitive que nous avons eu l'honneur de vous envoyer dans le temps, intitulée *Stances à mon portier*. Le gouvernement a prévenu les suites

Étrennes des Patriotes, les Étrennes à la Vérité, le Tableau sentimental de la France révolutionnaire, le Triomphe de la Liberté et de l'Égalité... La satire s'en mêle, et ce ne sont que couplets railleurs dirigés contre les nouveaux députés, les ministres, le clergé, la noblesse, le tiers-état.

Celui-ci, dans *le Croquis des Croqueurs*[1], daube en vers, assez mal faits d'ailleurs, Mirabeau, d'Éprémesnil, le duc d'Orléans, l'abbé Maury, le cardinal de Rohan, Barnave, Guillotin, Target,

---

du décret en faisant enfermer l'auteur à Saint-Lazare; M. de Sauvigny, qui avait approuvé l'ouvrage, a été exilé à trente lieues de Paris et risque beaucoup de perdre sa place de censeur de la police. Voilà bien des malheurs assurément pour un assez mince sujet : le pauvre almanach nous avait été donné, cependant, pour l'an premier de la Raison!... » Le commentateur de Meister, M. Ch... s'indigne de ce jugement et s'écrie : « Ce que Meister a la faiblesse d'appeler une sottise est un des premiers efforts qu'ait faits un homme de sens pour amener l'esprit humain de l'état théologique à un état plus rationnel. » M. Ch... va plus loin : « Si la liberté des cultes, dit-il, n'est point une dérision, il faudra bien que la courageuse tentative de Sylvain Maréchal soit renouvelée de nos jours; il faudra bien que l'on refasse un almanach où ne figureront plus des noms qui, convenables pour la gent catholique (!), peuvent blesser la conscience du protestant, du quaker, du musulman, de tout autre déicole, et même de celui qui, pour être honnête homme, n'a pas besoin de croire en Dieu!... » Cette observation de M. Ch... suffit à prouver que les intérêts des *déicoles* lui importent peu : ceux des athées lui suffisent. En ce cas, qu'il reprenne l'almanach de Sylvain Maréchal : il ne peut trouver un meilleur livre pour sa cause.

1. 1790, in-18.

Bailly. Il a l'intention d'être désagréable à nosseigneurs des treize Parlements, aux intendants, aux fermiers généraux et en général à tous ceux qu'il appelle les supprimés ou les menacés de l'être. Celui-là, qui veut donner aux Français un précis des révolutions de 1789, essaye de concilier en une phrase à effet la royauté et la liberté : « Embrassons la Constitution, soyons unis, restons armés, payons les impôts, adorons notre roi, et l'État est sauvé. » Il se plaît aussi à enseigner aux citoyens les nouveaux commandements de la patrie. Ils commencent ainsi :

> Avec ardeur tu défendras
> Ta liberté dès à présent;
> Du clergé tu supprimeras
> La moitié nécessairement...

Les autres commandements, écrits dans cette forme et sur ce diapason, prescrivent aux Français de purger leur pays des moines, de leur reprendre les biens volés, de couper les ongles aux financiers, de chercher à connaître la cause et l'emploi des impôts, de n'en jamais consentir pour engraisser les fainéants, de n'accorder l'estime qu'à la vertu, de faire de bonnes lois, simples et franches, d'accorder les dignités aux gens de bien seulement, et de punir indistinctement les pervers. N'est-ce pas ainsi qu'on détruira les abus et que le peuple deviendra

Heureux et libre assurément?

Le même dresse la liste des revenus du clergé. Il l'évalue à 122 millions, et il s'écrie, fier de sa découverte : « En supprimant les êtres inutiles de cette liste et en salariant les autres, l'État doit gagner 60 millions. » Il propose la confiscation des biens ecclésiastiques et il s'applaudit de sa modération.

Ce ne sont pas seulement les derniers ministres, comme Terray, Maupeou, Calonne et Brienne, qui encourent les moqueries ou les insultes de la part des faiseurs d'almanachs, mais encore Richelieu et Mazarin. Les reproches adressés à Richelieu ont une certaine originalité : « On dit que Richelieu avait le modèle de deux forts, la Bastille et Vincennes, et qu'après avoir joué avec de petits chats comme avec des emblèmes de perfidie, il se délectoit à voir en abrégé la résidence de ses victimes! » L'écrivain, qui en veut décidément aux ministres en général, déclare qu'il a trouvé l'anagramme de leur nom : « Ministre veut dire : tu mens! *Mentiris.* » Nous ne sommes qu'en 1790, et voilà qu'au milieu de ces railleries un aveu significatif du malaise qui règne déjà à Paris échappe à l'auteur de l'*Almanach des Douze Mi-*

nistres[1] : « Le carnaval se passera tristement cette année, écrit-il. Quand il y a peu de farine, il y a peu de son. »

Un auteur, qui se prétend devin, intitule son travail *Almanach des Métamorphoses nationales*[2], et nous apprend que l'année 1790 verra les financiers réduits à la médiocrité, la haute magistrature à son taux, les ministres gens de bien, les grands vicaires devenus vicaires de campagne, les capucins sans barbe, les prélats sans queue et démonseigneurisés, les nonnes et les moines réformés, les grands transformés en bourgeois, le peuple compté pour beaucoup, les collèges métamorphosés en bonnes écoles, et la ville de Paris changée en une ville guerrière et politique. Voici la prédiction de l'auteur pour le mois de décembre : « Plus de frivolités, plus de rendez-vous amoureux, plus de conversations lascives même chez les jeunes gens, plus de lectures puériles. L'approche de quelques régimens destinés à jeter la discorde et l'épouvante parmi les citoyens fait recourir aux armes. Les tocsins sonnent de toutes parts, les temples s'ouvrent et, dans un clin d'œil, on forme un plan, on lève une troupe qui, prête

---

1. 1790, in-18.
2. 1790, in-18.

à tout entreprendre, à punir même s'il le faut, se répand de toutes parts, rassure les citoyens et s'empare des canons de la Bastille. Il en coûte quelques têtes qu'on promène dans les places publiques, et la bravoure ainsi que la terreur opèrent la révolution la plus prompte et la plus extraordinaire... L'Académie n'aura plus bientôt rien à faire, parce qu'on veut autre chose que des mots, et jusque sur le théâtre on veut des pièces relatives au changement qui s'opère. La poissarde lit, le cordonnier lit, et il n'y a personne qui, la brochure en main, ne prenne part à la Révolution!... »

Un autre, qui marche sur les traces de Sylvain Maréchal, désire réformer le calendrier, parce qu'il contient des monuments d'une religion fausse et d'un culte vrai. « On y voit, dit-il indigné, la fête de saint Jacques et de saint Philippe en tête d'un mois auquel président Castor et Pollux, et l'on rencontre dans la même page le nom de Vénus donné à une planète et celui d'une jeune vierge morte avec son innocence!... » Aussi le rédacteur du *Nostradamus moderne*[1], afin d'offrir une satisfaction à la pudeur publique, consacre-t-il les mois à Voltaire, à Montesquieu, à Turenne, à Jean-Jacques Rousseau, à Jeanne d'Arc, à Cor-

---

1. Liège, 1790, in-16.

neille, à Louis XVI, à Henri IV, à Eustache de Saint-Pierre, à Bayard, à Fénelon et à Sully. Ce n'est pas tout : il convient aussi de modifier l'ancien zodiaque qui offense la raison. On remplacera le Bélier par le vicomte de Mirabeau, le Taureau par Foucault, les Gémeaux par Lally-Tollendal et Mounier, l'Écrevisse par Malouet, la Vierge par le cardinal de Rohan, etc. Enfin, à chaque nom de saint il faudra substituer un nom de député. On lit à celui de Guillotin : « Ce brave docteur ne suit point du tout la route ordinaire des médecins. Il a inventé une machine ingénieuse pour ôter proprement la vie aux criminels. » C'est dans ce même almanach que se trouve ce curieux billet d'enterrement du clergé : « Vous êtes prié d'assister aux convoi, service et enterrement de Très Haut, Très Puissant et Très Magnifique Seigneur le Clergé de France, décédé à l'Assemblée nationale, le jour des Morts de l'an 1789. Son corps sera porté au Trésor royal, ou Caisse nationale, par MM. le comte de Mirabeau, Chapelier, Thouret et Alexandre de Lameth. Il passera devant la Bourse et la Caisse d'escompte, qui lui jetteront de l'eau bénite. MM. l'abbé Maury et d'Eymar suivront en grandes pleureuses... M. l'abbé de Montesquiou prononcera l'oraison funèbre. Un *De profundis* sera chanté en faux-bourdon par les demoiselles de l'Opéra revêtues du deuil de veuves. »

Un autre écrivain appelle son almanach *le Fléau des Aristocrates*[1] et représente, en une série de tableaux émouvants, le roi et la reine avec un bandeau qui les empêche de voir les déprédations de leurs courtisans; puis les prodigalités de la reine, les aristocrates forgeant des armes et fabriquant des poisons pour le peuple, le roi rendant à Necker son portefeuille, Camille Desmoulins au Palais-Royal, enfin le retour de Louis XVI à Paris et le triomphe de la Constitution. Aussi, comme on comprend que l'auteur, enivré de son œuvre, se soit écrié en vers lyriques :

> Fille de la philosophie,
> Sublime Constitution,
> Déesse de Philadelphie,
> Viens éclairer ma nation!

Les Étrennes à la Vérité, ou l'Almanach des Aristocrates[2], publié à Spa chez Clairvoyant, imprimeur-libraire de Leurs Altesses Royales et Sérénissimes Nosseigneurs les princes fugitifs, à l'enseigne de la *Lanterne*, est un libelle des plus violents contre le roi, la noblesse, la magistra-

---

[1]. *La Lanterne magique, ou le Fléau des Aristocrates*, 1790, in-18.
[2]. 1790, in-8°, 80 pages avec errata.

ture, la finance et le clergé. L'auteur prend pompeusement pour devise cette phrase de Cicéron : « *Et nomina et indoles tibulis inscripta horrenda posteris...* » Nous avons eu le plaisir de mettre la main sur la première édition de cet almanach si rare et nous y avons vu les gravures dont parle M. Pouy, l'auteur de recherches intéressantes sur les calendriers et les almanachs, le seul qui ait commencé avant nous l'étude de cette intéressante question [1]. La première gravure représente un bonnet phrygien planté sur une pique et dominant les casques, les drapeaux, les canons et les boulets, avec ces mots : « Je me ris des despotes. » La seconde représente une hydre dont les quatre têtes sont celles de la noblesse, du clergé, de la finance, de la magistrature qui regardent avec effroi une lanterne. L'épigraphe est significative : « Les fripons craignent les réverbères. »

Cet almanach annonce les prochaines éclipses des droits de capitainerie, de chasse, de colombiers, de mainmorte, de la gabelle, etc. Il appelle l'aristocratie un monstre et lui prête les griffes d'une harpie, la langue d'une sangsue, l'âme d'un procureur, le cœur d'un financier, les pieds d'un

---

[1]. Voir *Recherches sur les Almanachs et Calendriers*, par F. Pouy, chez Glorieux et Douillet, à Amiens. — 2 brochures in-8°, 1874 et 1879.

bouc, la voracité d'un vautour, la cruauté d'un tigre, l'orgueil d'un lion, la lasciveté d'un moine et la stupidité d'un district !... Il se répand aussi en invectives contre les prétendus descendants de saint Pierre, et dénonce « les pieux fainéans qui s'absorbent dans le luxe, l'abondance et les orgies... » La magistrature, appelée robinocratie, reçoit à son tour les étrivières : « On invite l'Assemblée nationale à faire disparaître du globe toutes ces troupes de scélérats connues sous le nom de Parlemens, de prévôts de maréchaux, et les cours de justice qui sont des coupe-gorge pour tous les citoyens. » Cet almanach donne les noms de ceux qu'il faut supprimer et dresse pour ainsi dire des listes d'otages. Nous y voyons, en effet, livrés à la dénonciation et à la vindicte publiques les noms de ceux qui furent plus tard les victimes de la Révolution : les Montesquiou, les Beauharnais, les Boufflers, les Nicolaï, etc. Les prédictions de l'*Almanach des Aristocrates* annoncent la mise en location des châteaux de Versailles, de Compiègne, de Marly, de Trianon, la pendaison du prince de Lambesc, la découverte de la trahison de Mirabeau, la mise à la lanterne du duc de Broglie et la noyade du duc du Châtelet. Il nous répugnerait de citer les grossièretés révoltantes de ce pamphlet à l'adresse de Louis XVI, de Marie-Antoinette et de leurs amis. Beaumarchais y est maltraité quelque peu, en raison de ses scandales et de ses procès : « Beaumarchais, est-il dit, habile en spéculations et qui, à force de répandre de l'or, a fait taire les lois sur l'énormité de ses crimes, louera sa maison à une appareilleuse... » Les actrices sont aussi l'objet de vives satires : les plus attaquées sont Mlles Adeline, Guimard, Dugazon, Contat, Raucourt et Caroline. Enfin le même almanach prédit la vente des croix de Saint-Louis et du Saint-Esprit à la foire du quai des Orfèvres ; celle des chartes, brevets et titres, à la foire Saint-Germain ; celle des robes, mortiers, simarres et toques, à la foire de la cour du Palais. « On y verra, dit-il, les bancs fleurdelysés de toutes les chambres et les crucifix... » L'*Almanach des Aristocrates* se termine par cette plaisanterie : « Les grands comédiens du Manège donneront incessamment la *Paix par-ci*, l'*Union par-là, suivies du calme et de la tranquillité*, spectacle demandé par M. Target », faisant allusion à l'exhortation ridicule de cet avocat, un jour qu'il présidait l'Assemblée nationale et qu'il voulait ramener le calme parmi ses collègues agités. Cet almanach subit le sort de l'*Almanach des Honnêtes Gens* de Sylvain Maréchal, et, par arrêt du 2 janvier 1790, fut brûlé au pied du grand escalier de la cour du Parlement de Rouen, sur la réquisition de M. de Grécourt, avocat du Roi [1].

Les royalistes répondent à ces publications républicaines par des almanachs qu'ils intitulent hardiment : *l'Abeille aristocrate* [2], *l'Almanach des Aristocrates* [3], *les Étrennes aux douze cents* [4], et qu'ils datent, les uns de l'année de la Barnavocratie, les autres de l'an dernier de la Jacobinocratie. Ils lancent contre leurs adversaires de petits couplets aiguisés où ils disent, entre autres, que les décrets de l'Assemblée sont inimitables, ses orateurs incroyables et les assignats... impayables. Ils attaquent sans trêve ceux qu'ils appellent les apôtres de l'Assemblée, Mirabeau, d'Aiguillon, Duport, Pétion, La Borde, Lameth, Barnave et Robespierre. Ces législateurs se disent les pères du peuple. La belle affaire !

Ne vous en vantez pas, messieurs, en vérité,
Car votre enfant est bien mal élevé !

Ils raillent Guillotin, médecin politique, et sa terrible machine, Liancourt qui se bat comme il écrit, maître Target qui dogmatise dans le fauteuil

---

1. M. Pouy signale l'impression de cet arrêt à Rouen. — Imprimerie du Parlement, 1790. — 8 pages in-8º.
2. Paris, 1790, in-18.
3. 1791, in-18.
4. 1791, in-12.

académique, catéchise dans le fauteuil patriotique et finalement est chassé de l'un par le bon goût, de l'autre par le bon sens; M. de Roberspierre qui vient de courir le hasard d'être pendu en Artois et le sera tôt ou tard. Ils font ainsi le portrait de Rœderer : « C'est un animal aristo-robino-démocratique. Il a la tête d'un démocrate, le cœur d'un aristocrate et les griffes d'un robinocrate »; et celui de Mirabeau : « Tout-puissant à détruire, il est inhabile à réédifier. C'est le démon des orages ! » Ils reprochent à l'Assemblée de bouleverser tout en France, et ils lui jettent cette menace :

> Lassant bientôt la patience,
> Vous serez traités par la France
> Du haut en bas !

Ils imaginent une sorte de guide national humoristique [1], nouvel almanach des adresses politiques à l'usage des honnêtes gens. Ils placent le ci-devant roi de France en prison aux Tuileries, l'Assemblée nationale rue de la Grenouillère, les agents du clergé rue de l'Hôpital, la noblesse rue du Chat-qui-Dort, les maréchaux de France au Garde-Meuble, les électeurs de Paris rue des Frondeurs et les payeurs de rente rue d'Argencourt...

Les républicains irrités opposent satires à satires.

---

1. 1791, in-18.

Ils font le tarif des députés et de leur valeur actuelle. Ils estiment, entre autres, l'abbé Maury, une pipe et trois louis dix sols; Faucigny, vingt coups de plat de sabre; Mirabeau cadet, un tonneau de vin de Suresnes; Alexandre de Beauharnais, une femme aimable! Si le Père Gérard doit naturellement avoir pour valeur la bonhomie et la franchise, Barnave, au contraire, ne vaut plus un denier. Après les députés, ils s'en prennent aux hommes de lettres connus. Voici quelques traits piquants du *Portefeuille du Bonhomme*[1] contre Beaumarchais : « Naître obscur, se faire chasser, par son insolence, de chez une princesse, dans la maison de laquelle on avait été porté par l'intrigue, épouser des femmes pour en hériter, séduire celles d'autrui pour les commercer, être flétri à jamais par le blâme dans toute la force d'un arrêt d'un tribunal supérieur, être condamné à recevoir les étrivières à Saint-Lazare, se faire, à Londres, l'espion et l'agent industrieux d'une catin, pour y traiter d'un libelle diffamatoire; être à Versailles, pour de l'argent, le plat bouffon d'un ministre octogénaire; être alternativement banquier, agioteur, marchand, imprimeur, libraire, sans jamais cesser d'être escroc et tout ce

---

1. Londres, 1791, in-24.

qu'on ne peut pas écrire; afficher dans ses propos, dans ses écrits, dans sa conduite, une licence effrénée; à travers une chaîne de travaux, de voyages, de lésines, de friponneries, d'usures, de bassesses trouver le moyen de se faire, avec rien, deux cent mille livres de rente; toucher à tout, corrompre tout, tout braver, tout garder, voilà de ces phénomènes trop rares pour ne point les citer!... » Ce portrait figure au mot « Audace », et certes il en fallait pour traiter de la sorte ce railleur de génie qui s'appelle Beaumarchais. Le *Nostradamus de 1791*[1] le surnomme, dans un style moins incisif : « Beaumarchais le roué, usurier de profession, intrigant, faux et traître à la patrie... » et le place sur une liste de suspects, la première de cette époque. L'auteur, démagogue enragé, demande qu'on chasse les fermiers généraux et les traitants, qu'on extermine les évêques et les moines, afin d'assurer, dit-il, le bonheur de la nation. Le *Père Duchesne ou le Prophète Sac-à-Diable*[2] élève à son tour la voix. Il dresse des listes de suspects où il fait figurer les traîtres La Fayette, Bailly et Mirabeau. Il les met en compagnie d'une foule de citoyens j... f..... actifs,

---

1. *Le Nostradamus moderne.* — Chambéry, 1791, in-12.
2. *Le Calendrier du Père Duchesne.* Paris, 1791, in 18.

éligibles et volontaires bleus et d'une quantité de f...... coquines de la capitale. Il dénonce les infâmes calotins, les vendeurs d'argent, les ci-devant nobles qu'il faudrait envoyer au pilori, aux galères, à la lanterne!...

Un autre almanach du Père Duchesne, ou le *Calendrier des Bons Citoyens*[1], ouvrage b......... patriotique, donne le récit de tous les grands événements de l'année 1790, les détails de la Fédération et un recueil de pièces de vers, chansons, vaudevilles et couplets faits en l'honneur de la Révolution. La gravure de cet almanach représente le père Duchesne, assis sur un coffre où figurent un blason et une fleur de lis renversés, le bras appuyé sur un fourneau et contemplant gravement le globe de l'Univers. A côté de lui sont placés plusieurs fourneaux et un chat qui dort sur un escabeau. L'épître du Père Duchesne à ses lecteurs se termine de la sorte :

« Si l'ouvrage est mauvais, l'intention est bonne,
Et je me f... de ce qu'on en dira. »

Ici les injures du Père Duchesne s'adressent surtout à Necker, qu'il appelle f.... gueux, tartuffe, prédicant de Genève, etc.

Le fougueux Père Duchesne nous amène, par

---

[1]. 1791, in-18.

contraste, au doux Père Gérard. Ce personnage, qui prêta son nom au célèbre almanach de Collot d'Herbois, était un honnête cultivateur, appelé Michel Gérard, né à Saint-Martin de Rennes en 1737. Il fut choisi, en 1789, par les électeurs du canton de Pont-Saint-Martin pour les représenter aux États généraux, et il s'y rendit avec le costume des paysans bretons. C'était un brave homme, sans grande instruction, qui, ne connaissant ni détours ni intrigues, allait toujours droit à son but et donnait son opinion avec une franchise parfois brutale. Le *Moniteur* du 12 décembre 1789 signale ainsi ses débuts : « M. Gérard, député de Rennes, ce laboureur estimable, dont l'esprit naturel est généralement reconnu, a parlé pour la première fois, mais avec assurance et fermeté. Il a fait une motion pour la suppression des droits de bétail et la répartition de leur produit sur toute la province, sans distinction, par un autre impôt représentatif. La motion de M. Gérard a été applaudie et ajournée. » Ces applaudissements encouragèrent le Père Gérard à prendre part à plusieurs discussions. Le 22 juin 1790, il se laissa aller à demander la privation de tout traitement pour les députés absents, et le 4 novembre, voyant que l'Assemblée ne se décidait pas à voter la Constitution, il proposa tout simplement de suspendre le payement des députés, à partir de l'année suivante. Cette proposition fut applaudie et appuyée par le côté droit; mais, Chapelier et Lameth ayant fait observer que ce serait provoquer indirectement la dissolution de l'Assemblée, l'ordre du jour eut la priorité. Le Père Gérard se permettait quelquefois de vives répliques. Ainsi, à l'un de ses collègues qui lui demandait un jour, en petit comité, ce qu'il pensait de son entourage parlementaire : « Je pense, répondit-il, qu'il y a beaucoup de coquins parmi nous. » Il reproduisait cette même pensée sous une forme plus adoucie dans une lettre à l'un de ses amis : « Que puis-je faire, écrivait-il, au milieu d'une foule d'avocats et de petits patriciens qui croient tout savoir, qui se regardent comme membres du Haut Tiers, quoique la majeure partie d'entre eux ne possèdent pas un pouce de terre sous le soleil, et qui ne peuvent que gagner à la subversion totale de la France?... »

C'est le nom de ce curieux personnage, dont il convenait d'esquisser préalablement la physionomie, que Collot d'Herbois prit pour titre de son almanach populaire. Le comédien ambitieux et remuant, qui devait jouer un si exécrable rôle dans la Révolution, commença sa fortune politique avec ce petit livre où il vantait alors les avantages du régime constitutionnel [1]. La Société des Amis de la Constitution, siégeant aux Jacobins, avait proposé, le 20 septembre 1791, un prix de 25 louis pour le meilleur almanach patriotique. Quarante-deux ouvrages furent envoyés au concours. Les juges étaient Condorcet, Grégoire, Polverel, Clavière, Lanthenas et Dussaulx. Parmi les concurrents figurait un garçon cordonnier. « Et pourquoi non? disait le rapporteur Dussaulx; n'est-il pas homme et citoyen comme nous, ce garçon cordonnier? Si la loi l'a privé, pour quelque temps, d'une partie de son activité, ne lui a-t-elle pas ouvert une nouvelle carrière, où lui et ses enfants pourront quelque jour précéder les superbes rejetons de ceux qui nous ont si longtemps opprimés, si longtemps avilis? O le brave, ô le bon citoyen!... » Mais Collot d'Herbois n'avait rien à envier aux éloges décernés au garçon cordonnier. « Ce bon, ce digne et ingénieux citoyen, disait Dussaulx en parlant du comédien, vous l'aimez tous; vous chérissez son zèle, ses talents et son éloquence, son éloquence mâle et toujours prête à défendre les droits de ses semblables. Sa présence dans cette séance solennelle et sa modestie me défendent d'en dire davantage... Je

---

[1]. Voir aux Annexes une lettre de La Harpe sur ce comédien.

m'aperçois, messieurs, de votre juste impatience; il est temps de la satisfaire et de procurer enfin à notre président le plaisir si doux d'embrasser, au milieu des acclamations, un citoyen satisfait et qui, par le bel emploi de ses talents, a si bien mérité de la patrie!... » Ce n'était pas encore assez pour le triomphe de Collot d'Herbois. Il lui fallait, outre les embrassements du président de la Société des Amis de la Constitution, les félicitations publiques du président de l'Assemblée législative. Le 18 décembre, il fut introduit à la barre et présenta cette pétition : « Législateurs, je viens vous faire hommage d'un écrit que j'ai composé spécialement pour les habitants des campagnes. C'est l'Almanach du Père Gérard. (*On applaudit à plusieurs reprises.*) Je vous l'offre modeste, humble, simple comme celui qui fut son modèle, tel qu'il sera parmi les hommes vertueux. Si c'est là sa destinée, en le plaçant sur votre bureau, elle se trouve déjà remplie... » Collot d'Herbois rappelait qu'une société, célèbre par son patriotisme, avait décerné le prix à son ouvrage, comme le plus utile aux campagnes, et que l'estime publique encourageait ses efforts. En couronnant son almanach, la Société des Amis de la Constitution avait rendu hommage aux sentiments du Père Gérard, dont Mirabeau lui-même avait dit, non sans emphase : « Son cœur bouillonne, ses yeux étincellent, son courage est intrépide, et sa tête touche aux cieux... » Un des futurs censeurs de l'Empire, Lemontey, qui présidait la séance, répondit à Collot d'Herbois : « Présenter à l'Assemblée un ouvrage utile au peuple, qui lui apprenne à aimer la Constitution en la connaissant, c'est mériter la reconnaissance de la patrie. L'Assemblée vous invite à sa séance. »

Le comédien, gonflé d'orgueil, traversa la salle au milieu de nombreux applaudissements, tandis que l'Assemblée décrétait l'insertion de son discours au procès-verbal et le renvoi de l'ouvrage au comité de l'instruction publique. Collot d'Herbois n'était pas homme à s'endormir sur ce succès. Il profitait de la publicité du *Moniteur* pour y faire insérer une forte réclame en faveur de son almanach. Il se plaisait à apprendre au public qu'il avait généreusement disposé des 25 louis, montant du prix obtenu, moitié en faveur d'une caisse de secours pour les citoyens malheureux affiliés à la société des Jacobins et moitié en faveur des Suisses de Châteauvieux. Enivré par le succès de son livre et se croyant tout à coup apte aux premiers emplois de l'État, il s'était écrié, si l'on en croit son ami Prudhomme : « Louis XVI n'est pas patriote. S'il l'était, n'aurait-il pas dû me nommer ministre de la Justice?... » Persuadé qu'il n'avait rien à espérer de la Cour, il avait saisi l'occasion de se déclarer contre elle en prenant parti pour les insurgés de Nancy. « Ils sont, écrivait-il, toujours détenus aux galères de Brest, malgré le cri de l'humanité et le vœu de la France entière. » Il allait bientôt obtenir leur délivrance et les ramener à Paris sous des arcs de triomphe, scandale qui devait arracher à André Chénier un superbe cri d'indignation et révéler son génie de poète.

L'*Almanach du Père Gérard* était livré au public en deux éditions, la première à 6 sols, la seconde à 12 sols; celle-ci, accompagnée de gravures, était tirée sur un plus beau papier [1]. Il convient de constater que cet opuscule eut une vogue extraordinaire, et qu'il fut traduit en anglais, en allemand, en hollandais.

Si l'on étudie de près le travail de Collot d'Herbois, on y remarque une modération surprenante, quand on songe à quelles folies furieuses va se livrer un peu plus tard le même homme. Il y vante, dans un style compassé, les avantages du régime constitutionnel, et il ne fait encore aucune

---

[1]. Paris, 1792, in-24 et in-18. — *The Almanack of goodman Gerard*, London, 1790, in-12.

allusion, même la plus détournée, au régime révolutionnaire. Le début en est innocent comme celui d'une idylle :

« Vous connoissez tous le Père Gérard, ce vieillard vénérable, ce paysan bas-breton, député à l'Assemblée nationale en 1789. C'est un homme d'un bon sens exquis : il a la droiture du cœur des anciens patriarches. A la fin de la session, il est retourné dans ses foyers, au milieu de sa famille, dans un village du département de l'Ille-et-Vilaine. Vous pensez bien qu'il y fut accueilli avec joie; chacun le bénissoit, car on bénit toujours ceux qui ont rempli loyalement les fonctions qui leur ont été confiées par le peuple. Figurez-vous donc le voir entouré de ses frères, de ses amis, caressé et surtout questionné. Je vous dirai ce qu'il a pu leur répondre... » Collot d'Herbois prévient ses lecteurs qu'il n'aura pas toujours les naïves expressions du député laboureur, mais qu'il s'efforcera de reproduire les intentions et les principes de ce bon vieillard. Il en compose douze entretiens, qui serviront d'utile almanach aux campagnes. Ces entretiens portent sur la Constitution, la Nation, la Loi, le Roi, la Propriété, la Religion, les Contributions, les Tribunaux, la Force armée, les Droits des citoyens, la Prospérité publique et le Bonheur domestique.

« O la bonne Constitution que la Constitution française ! ne cesse de s'écrier le Père Gérard devant de nombreux villageois accourus pour l'entendre. Elle assure notre bonheur et celui de nos enfants. » Ici un paysan s'approche de l'orateur, en se grattant l'oreille. « Père Gérard, dit-il, je ne suis pas en gêne de savoir ce que c'est que la chose que vous nommez Constitution. Nous l'aimons bien la chose, mais ce mot-là m'embarrasse. Pourquoi appelle-t-on tout le bien que nous a fait l'Assemblée nationale, Constitution ? » — Le Père Gérard : « Mes amis, Constitution nous dit et signifie un corps dont toutes les parties s'accordent bien entre elles, où tout est à sa place et va bien ensemble. » Il prend, pour exemple, un de ses auditeurs, Nicolas, gaillard de bonne mine, qui a l'appétit robuste, la tête saine, les bras et les jambes solides, et dit que ce vigoureux paysan est l'image de la Constitution. Il explique ensuite aux villageois ébahis que la nation, c'est la totalité des citoyens, et que dans cette totalité réside le pouvoir souverain; que les meilleures lois sont les lois les plus conformes à la déclaration des Droits de l'homme; que le roi n'est plus roi de France, mais roi des Français, parce que le premier titre semblait indiquer que la France était sa propriété, tandis que le second montre seulement qu'il tient son pouvoir de la volonté nationale. Enfin, il n'y a plus de sujets : les Français le sont seulement de la loi. Le Père Gérard, arrivé au chapitre de la religion, met en présence le curé et le ministre protestant et leur prête sérieusement ce dialogue :

« LE MINISTRE (*au curé*). — Voilà ma femme, voilà mes enfants ! Quel bonheur ! Et vous en êtes privé ?

« LE CURÉ. — Je ne suis pas encore assez éclairé là-dessus pour me décider.

« LE MINISTRE. — Écoutez la Nature... le conseil d'une alliance chaste et vertueuse est le meilleur qu'elle puisse donner à un honnête homme. »

Ici le curé et le ministre, les paysans catholiques et protestants, les petits enfants des deux religions, s'embrassent. Puis le Père Gérard, se tournant vers les femmes qui l'écoutent :

« La prospérité existe, dit-il, lorsque la population est abondante et va toujours en croissant. »

Et toutes les femmes convaincues de s'écrier : « Bien bon signe que cela, Père Gérard ! »

En résumé, ces entretiens forment un petit cours de morale et de politique sur les droits, les intérêts et les devoirs des citoyens, où les paysans apprennent qu'ils concourent à faire la loi par leurs représentants; que le roi est un citoyen comme un autre, etc., etc. Après les douze leçons, qui se terminent par cette invitation : « Si vous voulez, mes amis, contribuer à mon bonheur, venez me voir souvent; songez que le Père Gérard sera toujours votre bon concitoyen, votre tendre frère, votre fidèle ami... » les paysans, ravis, se donnent la main, forment une ronde et chantent à tue-tête, sur l'air du *Ça ira :*

> Oh! ça tiendra, ça tiendra, ça tiendra,
> Notre union si fermement posée!

N'est-ce pas le tableau de l'âge d'or?

Pour combattre cet almanach constitutionnel, les royalistes publient deux opuscules satiriques intitulés : *les Entretiens de la mère Gérard*[1] et *l'Almanach de l'abbé Maury*[2]. L'auteur du premier fait observer qu'il n'a pas remporté de prix aux Jacobins, mais qu'il en propose un de 100,000 francs à qui exterminera la gent jacobite. Naturellement, la Mère Gérard commence ainsi ses entretiens : « Oh! la mauvaise Constitution que

---

1. 1792, in-32.

2. 1792, in-32. — On publia aussi, en 1792, un autre opuscule du même genre : *les Veillées de la mère Gérard*, mais il n'a pas grande importance.

mon homme et tant d'autres ont faite sans y comprendre une lettre! Elle assure notre malheur et celui de nos enfants... » Après une parodie des divers conseils du Père Gérard, elle achève ses leçons de cette manière : « Si vous voulez, mes bonnes voisines, contribuer à ma félicité, venez me voir souvent. Nous parlerons de notre bon roi, de notre bonne reine; nous chanterons leurs louanges jusqu'au jour heureux qui, remettant chacun à sa place, ramènera pour toujours la prospérité et l'abondance. »

L'écrivain qui prend le nom de l'abbé Maury date son écrit de Coblentz et attaque tout d'abord Collot d'Herbois. « Une espèce d'auteur nommé Collot, dit-il, membre de la horde des soi-disant amis de la Constitution, lequel, — soit dit par parenthèse, — conserve inconstitutionnellement le surnom d'Herbois, s'est avisé de faire sur cette merveilleuse Constitution un prône assez plat, à l'usage des gens des campagnes. » Quant à lui, il explique immédiatement son but : « Je supposerai à la place du Père Gérard un homme sage, retiré dans la même campagne que ce vieillard, y vivant en solitaire et méritant par sa bienfaisance, autant que par ses lumières, l'admiration et l'attachement des villageois. Comme il parle d'après les principes de l'abbé Maury, mon almanach porte le nom de ce législateur éclairé. » Il ajoute qu'il n'a pas travaillé, comme Collot, pour gagner vingt-cinq louis et faire annoncer ensuite dans les mille et un journaux, avec une jactance ridicule, qu'il a fait don de cet argent à des malheureux. « Le plaisir secret de démasquer un perfide et un ignorant présomptueux, ajoute-t-il, me suffit. » Le début montre bien qu'il a voulu faire de son almanach la contre-partie de celui du Père Gérard. « Oh! la bonne Constitution que la Constitution française! s'écrie un citoyen. — Je n'en ai pas si bonne opinion, moi. Je prétends qu'elle causerait la ruine de la France, si elle subsistait. » Et phrase par phrase, mot par mot, il réfute les arguments de son adversaire en faveur de la Constitution et des Droits du citoyen.

Ce n'est pas assez d'attaquer la Constitution en se raillant de l'almanach de Collot d'Herbois; les royalistes mettent à profit le mot de Beaumarchais: « En France tout finit par des chansons », et ils offrent tantôt au beau sexe, tantôt à messieurs les émigrés, sous forme d'almanach, la Constitution en vaudevilles[1], affirmant qu'on préférera celle qui fait rire à celle qui fait pleurer. Ce sont alors

---

1. *La Constitution en vaudevilles*, par Marchant (Paris, 1792, in-32), réimprimée par Jouaust en 1872 (Librairie des Bibliophiles).

force plaisanteries versifiées qu'on chante sur les airs : *Vive le vin, vive l'amour!... Triste raison, j'abjure ton empire... Un jour Colinette au bois s'en alla...* Elles tournent en ridicule l'égalité par laquelle sensés ou nigauds, Français, Anglais, Hurons ou Suisses, ont les mêmes vices et les mêmes passions; la suppression des cordons, qui cependant serviront un jour, — on l'espère, — à pendre Gorsas et plusieurs autres démocrates. L'impossibilité à tout homme d'aller, de rester, de partir sans être soumis à mille interrogatoires, est assez finement dépeinte ; le peu de liberté accordée alors aux journaux se constate dans ce petit couplet :

> On peut tout faire et tout dire,
> Tout imprimer, tout écrire,
> Car nous l'avons décrété.
> Mais de notre pétaudière
> Qu'un détracteur trop sévère
> Veuille nous jeter la pierre,
> Soudain il est arrêté.

Le serment civique, la souveraineté du peuple, l'inviolabilité des députés, tout est matière à railleries. C'est le règne de la folie. « Il faut rire, disent encore les auteurs de l'*Almanach des Folies nationales*[1], et cependant on n'a jamais si peu ri qu'à présent. Il est vrai que les circonstances ne

---

1. 1793, in-32.

sont pas riantes, mais qu'importe? Nous voulons rendre les Français à leur ancien caractère. » Leurs plaisanteries sont peu cruelles ; on en jugera par ce seul exemple : « On dit qu'à Beaune l'épouse du maire accoucha le même jour que son mari fut élevé à la mairie, et qu'un bel esprit beaunois fit, à ce sujet, le distique suivant :

> « Notre choix l'a fait maire, et l'amour le fait père ;
> Quel triomphe pour nous de le voir père et maire !... »

L'Almanach historique et critique des députés[1] est plus méchant que les précédents. Dans ses portraits de législateurs, nous prenons au hasard celui de Lacépède : « Excellent naturaliste. Il a fait une histoire des animaux. On prétend qu'il travaille à celle des membres de l'Assemblée. » Les *Almanachs des Émigrants*[2], *de l'Ami du roi*[3] et *des Lubies d'un aristocrate*[4] rivalisent de satires contre les républicains et le nouveau régime. L'un présente l'image d'un hôtel en feu, pillé par Brissot et ses amis ; l'autre adresse ainsi ses souhaits de départ à l'Assemblée :

> Fichez-nous le camp,
> Plus de dix-huit francs !...

---

1. Coblentz, 1792, in-12.
2. 1792, in-18.
3. Paris, 1792, in-18.
4. Paris, 1792, in-18.

Celui-ci fait une nouvelle parodie de la Constitution et écrit, au chapitre des Droits de la femme et de la citoyenne : « Art. ix. Tout amant ou mari qui ne peut pas remplir convenablement ses droits n'a point de constitution. » Celui-là envoie un salut à son roi, se déclare son sujet fidèle et jure de lui rendre l'amour d'un peuple égaré. La fameuse romance d'un troubadour béarnais, dont une copie surprise chez Mme Du Barry fut une des pièces à conviction de son procès [1], est naturellement offerte au lecteur, avec son naïf et douloureux refrain :

> Louis, le fils de Henry,
> Est prisonnier dans Paris.

Parmi les députés, Condorcet, Chabot, Bazire, Lacroix, Merlin, Isnard, Fauchet sont les plus maltraités. Certains couplets sur la manière de décréter à 18 livres par jour seraient chose piquante à citer ; mais ils nous semblent un peu trop libres pour être mis sous les yeux du lecteur. Enfin l'*Almanach de Coblentz* [2], dont nous avons pu consulter un exemplaire, découvert par les policiers de la section de la Fidélité chez un sieur Le Tronne, père du célèbre critique Jean-Antoine

---

1. Voy. notre ouvrage sur *les Bijoux de Madame Du Barry*.
2. Paris, 1792, in-18.

Le Tronne, fut un de ceux qui excitèrent le plus l'indignation des démocrates. Cet opuscule n'avait-il pas l'audace de se dire « le plus joli des recueils catholiques, apostoliques et français, à l'usage de la belle jeunesse émigrée, émigrante et à émigrer » ? Aussi la gravure, qui représente le roi, la reine et le Dauphin, a-t-elle été, dans notre exemplaire, criblée de traits par les bons citoyens qui ont dénoncé Le Tronne comme suspect. La constance et l'intrépidité des royalistes, qui répandent partout des écrits où se lisent ces trois mots, leur *Credo* politique : « Vive le roi ! » effrayent à tel point les patriotes, qu'ils cherchent un moyen de combattre avec succès ces œuvres contre-révolutionnaires inspirées, disent-ils, par le fanatisme. Ils crurent l'avoir trouvé en partie dans la réforme du calendrier.

II

Parmi les motifs invoqués, en 1793, pour remplacer le calendrier grégorien, nous trouvons la nécessité de créer une nouvelle mesure de la durée, dégagée des erreurs transmises depuis des siècles par une routine superstitieuse, de consacrer l'ère nouvelle de la France et de constituer en même temps un calendrier purement civil qui convînt également à tous les citoyens, sans distinction de culte. Le comité d'instruction publique de la Convention fut chargé de cette importante besogne, et parmi ceux qui y travaillèrent on remarque Romme, Lagrange, Monge, Dupuis, Guyton de Morveau et Lalande.

Gilbert Romme, représentant du Puy-de-Dôme, que Mercier appelle dans son *Tableau de la Révolution* « le Mulet d'Auvergne », à cause de son entêtement et de sa laideur, s'était inspiré des plans de l'astronome Lalande pour le nouveau calendrier. Il présenta son rapport à la Convention le 20 septembre 1793. Suivant lui, le travail du comité de l'instruction publique était une des réformes les plus nécessaires au progrès des arts et de l'esprit humain, réforme qui ne pouvait réussir que dans un temps de révolution. « L'ère vulgaire, disait-il, fut l'ère de la cruauté, du mensonge, de la perfidie et de l'esclavage ; elle a fini avec la royauté, source de tous nos maux... Le temps ouvre un nouveau livre à l'histoire, et dans sa marche nouvelle, majestueuse et simple comme l'égalité, il doit graver d'un burin neuf et vigoureux les annales de la France régénérée ! » Après avoir proposé de compter l'ère républicaine à partir du 22 septembre 1792, jour où le soleil était arrivé à l'équinoxe d'automne, Romme donnait aux mois les noms de la République, de l'Unité, de la Fraternité, de la Liberté, de la Justice, de l'Égalité, de la Régénération, de la Réunion, du Jeu de Paume, de la Bastille, du Peuple et de la Montagne. Chaque mois, calqué sur les mois grecs, était divisé en trois décades. Les jours de chaque décade devaient s'intituler : jours du Niveau, du Bonnet, de la Cocarde, de la Pique, de la Charrue, du Compas, du Faisceau, du Canon, du Chêne et du Repos [1]. Les mois étant égaux, en vertu du principe égalitaire qui brisait tout privilège, il restait cinq jours pour les années ordinaires et six pour les années bissextiles, que Romme offrait de nommer, comme Sylvain Maréchal, jours épagomènes en les consacrant à l'Adoption, à l'Industrie, aux Récompenses, à la Fraternité, à la Vieillesse, par imitation des fêtes maçonniques. Le sixième jour intercalaire était le jour olympique et la réunion

---

[1]. C'était dans les mêmes sentiments que la section des Arcis proposait à la Convention, le 14 brumaire an II, de faire pour le peuple un cours de morale muet, en appliquant aux places et aux rues les noms de toutes les vertus. L'orateur de la députation, Chamouleau, demandait que le Palais National s'appelât Centre du Républicanisme; la place du Parvis Notre-Dame, place de l'Humanité Républicaine; la Halle, place de la Frugalité Républicaine. Les rues adjacentes devaient prendre les noms de la Générosité, *de la Sensibilité*, de la Tempérance, de la Sobriété, etc. L'Assemblée applaudit cette étrange pétition et en ordonna le renvoi au comité de l'instruction publique.

de quatre années républicaines formait une Franciade. Enfin le 10 vendémiaire de chaque année était réservé à la fête de l'Être suprême et de la Nature.

La discussion de cette réforme eut lieu à la Convention nationale, le 5 octobre 1793, sous la présidence de Charlier. Les quatre premiers articles du décret, relatifs à la nouvelle ère des Français, à l'abolition de l'ère vulgaire, au commencement de chaque année, furent adoptés sans difficulté. Mais lorsqu'on arriva au changement des subdivisions du temps et à leurs nouvelles dénominations, Bentabole fit observer que c'était là une innovation inutile et même dangereuse. « Lorsque Mahomet, conquérant et législateur, dit-il, donna une autre ère aux peuples soumis à sa puissance, son but fut de les séparer du reste des hommes et de leur inspirer un respect superstitieux pour le culte qu'il prescrivait. Notre but est contraire à celui de cet imposteur : nous voulons unir tous les peuples par la fraternité; ainsi, loin de rompre nos communications avec eux, nous devons, s'il se peut, les multiplier encore. Je demande qu'on ajourne le reste du projet. » Lebon combattit l'ajournement, parce que si le fanatisme avait cru par ce moyen affermir son empire, pourquoi négligerait-on maintenant de l'employer pour affermir la liberté? La proposition fut écartée.

Le rapporteur présenta ensuite les dénominations morales qu'il convenait de donner aux mois, aux décades et aux jours, telles que *la République, le Niveau, le Bonnet,* etc. « Citoyens, s'écria Duhem, la Révolution française n'a point encore touché au terme marqué par la philosophie, et déjà cependant elle a présenté des époques mémorables qu'il serait doux aux législateurs de consacrer; mais qui peut leur répondre que ce qu'ils inscriront sera ce qu'elle aura produit de plus grand? Ne faisons pas comme le pape de Rome : il remplit son calendrier de saints, et quand il en survient de nouveaux, il ne sait plus où les placer. » Duhem proposait, en conséquence, de s'en tenir à la dénomination ordinale qui paraissait la plus simple : c'était ainsi que le calendrier philosophique pouvait devenir la base de la république universelle. « Mais vous n'imprimerez pas à votre calendrier, répondit Romme, le cachet moral et révolutionnaire qui le fera passer aux siècles à venir !...

— Il est vrai, répliqua Duhem, qu'il ne présentera pas un tableau moral, mais êtes-vous sûr que ce tableau serait jugé tel par notre postérité ?... Êtes-vous sûr qu'il ne servirait pas un jour de canevas aux sottises que les prêtres civiques et inciviques pourraient y attacher ? N'avez-vous pas vu déjà les prêtres constitutionnels vouloir religionner notre révolution ?

— Si vous laissez la nomenclature en blanc, observa Fourcroy, les aristocrates et les fanatiques la rempliront à leur manière. »

Après cet échange d'observations, l'Assemblée ferma la discussion et adopta les dénominations morales. Ici nous ne pouvons mieux faire que de citer encore quelques lignes du procès-verbal :

Romme. — Le premier jour est celui des époux.

Albitte. — Tous les jours sont les jours des époux. (*On applaudit.*)

Lebon. — Cette dénomination doit vous faire sentir le ridicule de quelques-unes de ces dénominations et vous déterminer à les abandonner toutes.

L'Assemblée rapporta immédiatement son premier décret et se détermina pour la dénomination ordinaire des mois, des décades et des jours. Ce fut alors que Fabre d'Églantine fit la motion qu'on devait adopter un peu plus tard : « Je propose, dit-il, de donner à chaque jour le nom des plantes que produit alors la nature, et des animaux utiles. Ce serait un moyen d'instruction publique. » Sur l'opposition de Duhem, qui reproduisit ses précédentes objections, l'Assemblée repoussa la motion de Fabre d'Églantine.

Mais l'emploi exclusif de la dénomination ordinale fit naître bientôt une confusion extraordinaire. Comment, en effet, se reconnaître dans ces indications : *le cinquième jour de la deuxième décade du troisième mois de la deuxième année?*... Après vingt et un jours d'essai, les mathématiciens revinrent au poète pour les tirer d'embarras, et Fabre d'Églantine fut chargé de préparer un rapport dont les conclusions pussent donner à l'âme populaire, par une dénomination caractéristique, quelque chose de moins abstrait que les termes secs et scientifiques de Romme et de Lalande.

L'ancien comédien de province, l'auteur de l'*Intrigue épistolaire* et du *Philinte de Molière*, lut son poétique rapport à la Convention, le 24 octobre 1793. « La régénération du peuple français, disait-il dans le style pompeux et déclamatoire de l'époque, l'établissement de la République ont entraîné nécessairement la réforme de l'ère vulgaire. » Suivaient les éternels et indispensables clichés sur l'oppression des tyrans, les préjugés du Trône et de l'Église, les mensonges qui souillaient l'ancien calendrier, etc. Il était donc nécessaire de substituer à ces visions de l'ignorance les réalités de la Raison et au prestige sacerdotal la vérité de la Nature. Il fallait, en outre, saisir l'heureuse occasion de ramener les Français au goût de l'agriculture par le calendrier, le livre le plus usuel de tous. L'agriculture, n'était-ce pas l'élément d'un peuple que la Terre, le Ciel et la Nature regardaient avec tant d'amour et de prédilection? Il convenait d'employer les images de la Nature pour frapper l'imagination populaire; les prêtres d'ailleurs ne s'y étaient pas trompés. « Instituoient-ils la *Commémoration des morts,* déclamait le poète, c'étoit pour nous inspirer du dégoût pour les richesses terrestres et mondaines, afin d'en jouir plus abondamment eux-mêmes; c'étoit pour nous mettre dans leur dépendance par la fable et les images du Purgatoire... Ce n'est point sur un théâtre riant de fraîcheur et de gaieté, qui nous eût fait chérir la vie et ses délices, qu'ils jouoient cette farce, c'est le second de novembre qu'ils nous amenoient sur le tombeau de nos pères; c'est lorsque le départ des beaux jours, un ciel triste et grisâtre, la décoloration de la terre et la chute des feuilles remplissoient notre âme de mélancolie et de tristesse, c'est à cette époque que, profitant des adieux de la Nature, ils s'emparoient de nous pour nous promener à travers l'Avent et leurs prétendues fêtes multipliées, sur tout ce que leur impudence avoit imaginé de mystique pour les prédestinés, c'est-à-dire les imbéciles, et de terrible pour le pécheur, c'est-à-dire le clairvoyant!... » Il fallait donc en finir avec l'habileté sacerdotale, frapper à son tour l'imagination du peuple par de poétiques dénominations, et l'instruire par la Nature et par la variété des images.

Il fallait porter un nouveau coup à la religion. C'est ce que constatait le conventionnel Durand de Maillane : « Après avoir tout détruit dans l'ordre politique, les révolutionnaires renversèrent ce qui existait encore dans l'ordre religieux ; ils entassèrent ruines sur ruines ; le calendrier grégorien et le clergé constitutionnel, seuls restes du christianisme, furent attaqués à leur tour ; les montagnards abjurèrent l'un et voulurent forcer l'autre à l'abjuration. L'antique calendrier chrétien fut remplacé par un calendrier nouveau très analogue aux mœurs nouvelles de ce siècle. Il fut accueilli très gracieusement par la Montagne, dans l'intention de fonder une ère tout à fait nouvelle pour l'humanité... » Joseph de Maistre fait la même constatation : « Le calendrier de la République, qui ne doit point seulement être envisagé par son côté ridicule, fut une conjuration contre le culte. »

« Nous avons imaginé, continuait Fabre d'Églantine, de donner à chacun des mois un nom caractéristique qui exprimât la température qui lui est propre, le genre de productions actuelles de la terre et qui, tout à la fois, fît sentir le genre de saison où il se trouve. » Ce dernier effet lui semblait obtenu par quatre désinences affectées chacune à trois mois consécutifs et qui faisaient harmonie imitative. On avait choisi un son grave et une mesure moyenne pour l'automne : Vendémiaire, Brumaire, Frimaire; un son lourd et une mesure longue pour l'hiver : Nivôse, Pluviôse, Ventôse; un son gai et une mesure brève pour le printemps : Germinal, Floréal, Prairial; enfin un son sonore et une mesure large pour l'été : Messidor, Thermidor, Fructidor. Les jours de la décade s'appelaient primidi, duodi, tridi, quartidi, etc. Le calendrier étant un livre auquel on avait souvent recours, il fallait profiter de la fréquence de l'usage, disait le rapporteur, pour glisser parmi le peuple les notions rurales élémentaires. « Nous avons pensé, ajoutait-il, que la nation, après avoir chassé cette foule de canonisés de son calendrier, doit y retrouver en place tous les objets qui composent la véritable richesse nationale, les dignes objets, sinon de son culte, du moins de sa culture, les utiles productions de la terre, les instruments dont nous nous servons pour la cultiver, et les animaux domestiques, nos fidèles serviteurs dans ces travaux, animaux bien plus précieux sans doute, aux yeux de la Raison, que les squelettes béatifiés tirés des catacombes de Rome !... » Il rangeait donc par ordre, dans la colonne de chaque mois, les noms des trésors de l'économie rurale. A chaque quintidi était inscrit un animal domestique. Chaque décadi était marqué par le nom d'un instrument aratoire. « Idée touchante, s'écriait le poète ému, qui ne peut qu'attendrir vos nourriciers et leurs maîtres, et leur montrer enfin qu'avec la République est venu le temps où un laboureur est plus estimé que tous les rois de la terre ensemble !... »

Restaient les jours complémentaires qu'il appelait sans-culottides. On n'apprendra pas sans curiosité l'origine attribuée par Fabre d'Églantine à cette expression : « Il nous a paru possible et surtout juste de consacrer par un mot nouveau l'expression de *sans-culotte* qui en seroit l'étymologie... Dès la plus haute antiquité les Gaulois, nos aïeux, s'étoient fait honneur de cette dénomination. L'histoire nous apprend qu'une partie de la Gaule, dite ensuite Lyonnoise, étoit appelée la Gaule culottée, *Gallia bracata*. Par conséquent, le reste des Gaules, jusqu'aux bords du Rhin, étoit la Gaule non culottée. Nos pères étoient donc des sans-culottes¹!... » Les sans-culottides devaient être consacrées aux fêtes du Génie, du Travail, des bonnes Actions, des Récompenses et de l'Opinion.

Après lecture du rapport, la Convention revint sur l'article 9 du décret du 14 brumaire et décréta que la nomenclature, les dénominations et les dispositions du calendrier seraient conformes au tableau dressé par le comité d'instruction publique. Le décret du 4 frimaire an II consacra définitivement l'ère nouvelle et il fut suivi d'une instruction qui se terminait ainsi : « C'est aux bons citoyens, aux sociétés populaires, aux soldats de la patrie qui se montrent les ennemis implacables de tous les préjugés, à donner l'exemple dans leurs correspondances publiques ou privées et à répandre l'instruction qui peut faire sentir les avantages de cette loi salutaire. C'est au peuple français tout entier à se montrer digne de lui-même en comptant désormais ses travaux, ses plaisirs, ses fêtes civiques sur une division du temps créée pour la liberté et l'égalité, créée par

---

1. C'était avec la même fierté qu'Anacharsis Clootz s'écriait un jour : « Gallophile de tout temps, mon cœur est sans fard et mon âme est sans-culotte !... »

la révolution même qui doit honorer la France dans tous les siècles ! »

S'il n'en coûte rien d'admettre que les noms des mois républicains étaient heureusement trouvés et se présentaient sous une forme à la fois ingénieuse et charmante, on ne peut en dire autant des jours qui, à la place des noms des saints adoptés par la foi ou par l'usage, offraient des mots tels que : « Chiendent, Échalote, Vache, Rhubarbe, Canard, Concombre, Truffe, Bouillon-blanc, Écrevisse, Topinambour, Bitume, Raiponce, Chat, Pissenlit, Bouc, Cochon, etc., etc.[1] ». Ces dénominations prêtèrent immédiatement au ridicule, malgré le zèle de certains fanatiques qui, comme le représentant Milhaud ou le général Peyron, prirent, le premier, le prénom de Cumin, et le second, celui de Myrte. Quand on remarque qu'entre autres, Prosper correspondait à Concombre, Frédéric à Champignon, Simon à Asperge

---

[1]. *L'Annuaire du Républicain*, par Eleuthérophile Millin, professeur de zoologie à la Société d'histoire naturelle (Paris, an II), fournit l'explication des 372 noms imposés aux mois et aux jours. Cet ouvrage, suivant l'auteur, donnait aux jeunes gens et rappelait aux hommes faits les connaissances les plus nécessaires à la vie commune et les plus applicables à l'économie domestique et rurale, aux arts et au bonheur de l'humanité. Or, il s'y trouve çà et là certaines explications peu faites pour des jeunes gens. Cf. par exemple le mot *Sabine*. — Voir aussi *Brutus*, tableau historique précédé d'observations sur le nouveau calendrier par le citoyen Bulard : an II, in-18.

et Pascal à Civette, on comprend pourquoi ces prénoms baroques n'eurent pas de succès[1]. Dans une pièce jouée plus tard au Vaudeville et intitulée *Un violon pour tout le monde,* un couplet raillait assez malicieusement cette méthode qui, changeant les anciennes coutumes, avait fait de nos saints des légumes, des arrosoirs, des râteaux et jusqu'à des animaux.

> Jugez de ma surprise extrême,
> Lorsque, cherchant saint Nicodème,
> Qu'on m'avait donné pour patron,
> Je trouve que je suis... Dindon!

Nous trouvons un couplet analogue dans la pièce : *Encore un Curé.* C'est le curé qui, changeant son nom de baptême contre celui d'Aristide, chante :

> Aux saints que l'on vous fit prier
> Dès ce moment cessez de croire
> Et de l'ancien calendrier
> Perdez à jamais la mémoire!
> A votre usage, mes enfants,
> Nous en composerons un autre
> Des républicains du vieux temps
> Et des sans-culottes du nôtre.

---

[1]. On demandait, dans une séance des Jacobins, à Dorat-Cubières, pourquoi il portait ce double nom et s'il n'était pas noble.

« Je ne suis pas noble, répondit Cubières, et je m'appelais Antoine, mais je n'ai voulu avoir aucun rapport avec les saints du Paradis et surtout avec un saint aussi sale. » Cette déclaration fut couverte d'applaudissements, et Cubières, reconnu pour un frère, fut admis à entrer dans le cénacle jacobin.

En outre, deux modifications dans les habitudes populaires ne firent pas accueillir avec enthousiasme la nouvelle réforme. La première fut la suppression des étrennes, qu'on déclara d'inutilité publique, et qui porta au négoce de détail un coup terrible. Déjà les compliments officiels du nouvel an avaient été supprimés le 31 décembre 1792, ainsi que le constate le *Moniteur*. Au moment où les administrateurs du département de Paris se présentaient à la Convention nationale pour lui offrir leurs hommages, M. Pastoret se leva et dit : « Je demande que l'Assemblée détruise cet usage vicieux. Le seul hommage que nous ayons à recevoir, le seul compliment digne de nous, c'est la satisfaction et le bonheur du peuple. (*On applaudit.*) » Sur cette motion, la Convention abrogea, à l'unanimité, tous les compliments de vive voix ou par écrit au sujet du nouvel an. De plus, sur la demande de Goupilleau et de Fauchet, la Convention décida qu'elle n'irait point faire de félicitations. Le Roi et la famille royale étaient au Temple : quel hommage obligatoire redoutaient donc les conventionnels ?

La seconde, plus grave encore, et qui excita souvent des troubles sérieux, fut la substitution du décadi au dimanche, avec défense formelle de célébrer l'ancien jour de fête et obligation de chômer le dixième jour. On murmurait déjà de n'avoir plus que trente-six jours de repos dans l'année au lieu de cinquante-deux ; mais les réclamations furent plus vives quand on voulut empêcher la publicité du culte. Il est vrai qu'à ces réclamations succéda bientôt le silence de la Terreur. Les chrétiens qui fêtaient le dimanche furent emprisonnés ; on regarda même comme suspects ceux qui portaient ce jour-là un vêtement plus soigné ou une parure plus riche qu'à l'ordinaire. « On n'oubliera pas, écrit La Harpe, comment Lebon et presque tous les commissaires dans les départements traitoient les pauvres gens qui osoient s'endimancher, qui ne célébroient pas la décade. La tyrannie fut poussée au point que, quand les habitants de la campagne venoient, les jours ordinaires de marché, apporter leurs denrées dans les villes, ils étoient chassés outrageusement par les autorités constituées et menacés de la prison et de la confiscation de leurs denrées, s'ils ne revenoient pas au jour marqué par la décade, surtout si ce jour étoit un dimanche [1]... »

---

[1]. Voy. *Du fanatisme dans la langue révolutionnaire*. Paris, an V. — Il convient de mentionner ici que Robespierre proposa un jour au comité de Salut public l'ajournement indéfini du décret sur le calendrier, comme le prouve une note de son livret que nous avons tenu en main et étudié. M. Hamel se demande, à ce propos, si Robespierre n'a pas eu quelques doutes sur l'efficacité

La Harpe s'étonnait de voir des politiques, des philosophes, tourmentés d'une belle haine contre le dimanche, s'ingénier à l'abolir et croire qu'il leur suffirait pour cela de substituer la division décennale à la division septénaire. Quelle étrange pensée que d'essayer de faire une sorte de religion du nombre dix !... Il n'était pas plus donné à l'homme de changer les idées qui forment la représentation intellectuelle des objets que d'en changer la nature même. Pouvait-on songer sérieusement à constituer des fêtes de calendrier ?...

En l'an III, le calendrier révolutionnaire eut à subir plusieurs assauts. Le 10 thermidor, un pétitionnaire en sollicita la suppression, affirmant que ce calendrier mettait le désordre dans les affaires et entravait les relations commerciales. Boissieu soutint cette pétition et demanda qu'on jetât le calendrier nouveau au feu, mais La Réveillère-Lépeaux

---

de ce décret, sur l'inopportunité de rompre subitement avec de vieilles habitudes et de susciter un nouveau motif de fermentation, de soulever une foule de réclamations bruyantes parmi les dévotes et les gens ayant le culte du dimanche, enfin de fournir aux malveillants l'occasion de colorer d'un prétexte légitime leurs persistantes hostilités contre la Révolution.— Barnave, de son côté, avait dit : « Le réquisitoire de Chaumette contre les filles publiques et les ouvrages obscènes est mille fois plus raisonnable que le renouvellement du calendrier. » (Catalogue d'autographes d'un Amateur parisien. *Institutions républicaines*; Charavay, 1883.)

observa que des ignorants ou des aristocrates pouvaient seuls déclamer contre cette institution et fit adopter l'ordre du jour. Le 24 thermidor, une députation de la section Bonne-Nouvelle réclama le rétablissement de l'ancien calendrier, parce que le nouveau n'était connu qu'à Paris et créait de nombreuses difficultés. On renvoya cette pétition au comité d'instruction publique, avec injonction de faire un rapport sur les réformes propres à perfectionner le calendrier républicain. Enfin, lors de la discussion du projet de Constitution (article CCLX), le 30 thermidor an III, Lanjuinais proposa d'abroger ce calendrier, qu'il qualifiait de « calendrier des tyrans et des assassins ». Il invoqua pour motifs l'inexactitude et la divergence de ses termes, l'isolement où il nous plaçait vis-à-vis des autres nations, les embarras causés par son application dans les villes et les campagnes. La Convention passa outre et affirma son intention de maintenir le nouveau calendrier.

Aussi, sous le Directoire, trois lois, celles des 17 thermidor, 13 et 23 fructidor an VI, prescrivirent des mesures sévères pour coordonner les jours de repos avec le calendrier républicain et pour imposer la stricte célébration du décadi. Le gouvernement voulait supprimer l'observance des dimanches et des fêtes catholiques ou, tout au moins, les transférer au décadi ; mais les évêques s'y refusèrent formellement. De nombreuses protestations se renouvelèrent contre ce jour qui froissait d'anciennes habitudes et des usages sacrés. Une lettre d'un campagnard du Nord au conseil des Cinq-Cents leur rappela ces paroles de Fénelon à Louis XIV : « Quand les souverains s'accoutument à ne connaître d'autres lois que leurs volontés absolues, ils sapent les fondements de leur puissance. » Les citoyens Armand Gouffé et Rouhier-Deschamps essayèrent de concilier les croyants et les incrédules en faisant représenter leur *Nicodème à Paris, ou la Décade et le Dimanche*[1]. Dans cette comédie, Nicodème, qui revient de la lune, découvre qu'il y a quelque chose à reprendre dans le gouvernement de la France. « Par exemple, dit-il, c'est aujourd'hui dimanche. Je choisis ce jour-là pour rentrer dans Paris, parce que je pense trouver tout le monde dans la joie. Pas du tout : une moitié des boutiques est fermée, une partie est ouverte, comme tous les jours. Je demande pourquoi... » On lui apprend que le dimanche est aboli et que le décadi l'a remplacé. On se querelle partout sur cette question de calendrier. Le bon Nicodème réconcilie le républi-

---

1. Paris, Barba, an IV.

cain Delaune et la dévote Barbe, brouillés sur ce point, en leur faisant admettre que le dimanche on mettra son habit du décadi, et le décadi, son habit du dimanche. C'est le moyen terme qu'avait proposé également un petit pamphlet intitulé : *Dispute du diable avec le bon Dieu...* Mais les tentatives de paix et de raccommodement que nous venons de constater n'aboutirent pas. Aucune mesure d'ailleurs ne fut efficace; ainsi, d'après des documents inédits récemment découverts par nous aux Archives nationales, le Directoire faisait dresser en 1798 des procès-verbaux contre les marchands d'Orléans qui refusaient de fermer leurs boutiques le décadi; il défendait aux imprimeurs de l'Allier, du Cher, du Bas-Rhin, de la Lys et de l'Yonne de publier des almanachs où figurait le calendrier grégorien; il adressait d'amères remontrances aux curés qui ne consentaient pas à transférer leurs cérémonies dominicales au décadi; il allait jusqu'à interdire les danses du dimanche sur les places publiques, et chassait les pauvres violoneux suspects de malveillance et de fanatisme... Ici, il faut citer intégralement la réponse du ministre de l'Intérieur, François de Neufchâteau, au commissaire du Directoire exécutif près l'administration municipale du canton de Lorris (Loiret):

Paris, 20 fructidor an VI.

Citoyen, j'ai reçu votre lettre du 13 messidor, par laquelle vous me demandez un moyen d'empêcher les ménestriers de la commune de Lorris de se réunir le dimanche dans les places publiques et d'y faire danser le peuple, sous le ridicule prétexte que l'arrêté du Directoire du 14 germinal, en ordonnant la clôture des lieux d'amusement ouverts au public les ci-devant dimanches et fêtes, n'a entendu parler que des salles de danse et non d'une place publique qui n'est pas susceptible d'être close. J'ai lieu d'être surpris que vous n'ayez pas reconnu dans une pareille objection les subterfuges de la malveillance, et que l'administration municipale ait hésité un moment à réprimer des mercenaires qui, en luttant contre le prononcé de l'article 12 de l'arrêté du Directoire, favorisent les vœux du fanatisme et profitent de l'aveugle soumission des citoyens égarés. Au surplus, si vous aviez besoin d'être éclairé en pareil circonstance, il fallait en écrire sur-le-champ à l'administration centrale, qui eût levé vos doutes. Salut et fraternité [1].

Qu'aurait dit, à cette lecture, le célèbre auteur

---

[1]. Archives nationales. — Le même ministre, par une circulaire du 15 prairial an VI, recommandait aux professeurs et bibliothécaires de composer des annuaires et des almanachs qui fussent dignes d'être placés dans les mains de tout le monde : car il déclarait avoir rougi lui-même du cynisme des almanachs publiés de 1792 à 1795.

de la pétition pour les villageois d'Azai que l'on empêchait de danser?... Aucune mesure d'ailleurs ne fut efficace et le dimanche reprit peu à peu son empire, jusqu'au moment où le premier consul lui rendit officiellement ses droits.

Quant au calendrier républicain, il dura jusqu'au 11 nivôse an XIV. Tout, du reste, avait été mis en œuvre pour le rendre populaire, et parmi les diverses manifestations auxquelles il donna lieu, nous tenons à relever un ballet et un poème. Lors des sans-culottides de l'an II, le théâtre de Bordeaux représenta un ballet intitulé *le Calendrier républicain*[1]. Sur la scène était dressé un temple devant lequel défilaient les douze nouveaux mois. Vendémiaire, vêtu d'un pantalon couleur chair et d'un habit de gaze garni de pampres, paraissait le premier, accompagné de vendangeurs. On voyait ensuite Brumaire, habillé de gaze grise imitant les brouillards et escorté de nuées et de vapeurs; Frimaire, couvert de peaux de bêtes féroces; Nivôse, tout en blanc, tenant un réchaud à la main; Pluviôse, sous la forme d'une naïade, entouré de vieux et de vieilles munis de parapluies; Ventôse, habillé en Éole et suivi de quatre vents *vêtus comme Borée* (sic); Germinal, couvert

---

1. A Bordeaux, de l'imprimerie du citoyen Delormel, an II.

de fleurs; Floréal, costumé en Flore, marchant au milieu de petits Zéphyrs; Prairial, avec une ceinture de violettes et des enfants portant des arrosoirs; Messidor, couronné d'épis; Thermidor, presque nu, un large soleil sur la poitrine, le visage couvert de sueur, agitant des flambeaux allumés au milieu de paysans « qui s'essuient le visage »; enfin Fructidor, vêtu comme Pomone, avec une corne d'abondance. Les cinq sans-culottides étaient représentées par la Vertu, qui avait eu soin d'inscrire son nom sur son front; par le Génie, en chair et en gaze blanche, ayant sur la tête une couronne d'où sortait une flamme légère; par le Travail, paysan robuste, la bêche sur l'épaule; par l'Opinion, habillée aux trois couleurs et suivie du peuple sans-culotte; par la Récompense, tenant d'une main des couronnes civiques et de l'autre un petit obélisque. Après ces différents personnages arrivaient : la Liberté portée par quatre sans-culottes à bonnet rouge; l'Égalité soutenue par un laboureur, un riche, un maure et un mulâtre; la Fraternité représentée par deux femmes blanches ayant une femme noire entre elles; la Surveillance avec un œil au milieu du front; la Victoire en Clorinde, et la Raison écrasant les préjugés sous les roues de son char. On célébrait alors une adoption et un hymen civiques, puis la joie d'une aussi belle fête se manifestait par une farandole générale[1].

Après le ballet, le poème. Le chevalier de Cubières, qui signa quelque temps ses écrits du nom de Palmezeaux, puis s'appela définitivement Dorat-Cubières, lut à l'assemblée publique du Lycée des Arts, le 10 frimaire an II, un poème sur le calendrier républicain. Le poète de la Révolution, — car il s'était donné lui-même ce titre, — faisait observer que l'existence de la République tenait en partie à l'existence de son calendrier. « Quel est, disait-il dans la préface de son poème, et quel est encore l'ennemi le plus redoutable de la République? Le fanatisme!... Et quel contrepoison le fanatisme a-t-il le plus à redouter? Le calendrier. » Aussi Cubières voulait-il chanter cette heureuse réforme « dans un de ces poèmes négligés qui, semblables à l'indolent berger, ne parent le corset de leur bergère que des fleurs qui leur tombent sous la main! » Voyons son début :

---

[1]. C'était probablement au sujet de ce ballet que Jullien fils demandait à Robespierre de l'autoriser à accorder des indemnités indispensables pour soutenir le théâtre de Bordeaux. (Voy. Papiers saisis chez Robespierre. — Rapport Courtois, an III.)

> Il faut, mes chers amis, qu'aujourd'hui je m'applique
> A vous parler un peu d'instruction publique ;
> Que ma muse, oubliant ses légères chansons,
> Sur le calendrier vous donne des leçons...

Et le voilà parti sur ce ton pédantesque !... Il met en vers épais le discours du président du comité d'instruction publique ; il insulte en passant les religieux et les prêtres ; il fait de Romme un Damon, de Lalande un Ergaste, de Guyton-Morveau un Valcour, de Fabre d'Églantine un Alcandre et de Dupuis un Théophile. Enchérissant sur les éloges adressés aux mois républicains, il fait dire à un membre de la Convention, *jeune et sensible encore* :

> Germinal me verra caresser ma Lisette,
> Floréal de bouquets orner sa collerette,
> Prairial la mener sur de riants gazons,
> Messidor avec elle achever nos moissons,
> Thermidor près des eaux détacher sa ceinture...

Mais n'allons pas plus loin et laissons de côté le poème ridicule d'un homme dont Mme Roland elle-même a écrit : « Cubières prêche le sans-culottisme comme il chantait les Grâces, fait des vers à Marat comme il en faisait à Iris et, sanguinaire sans fureur, comme il fut apparemment amoureux sans tendresse, il se prosterne humblement devant l'idole du jour, fût-ce Tantale ou Vénus ?... » Il ne pouvait rien rester de ce poète fécond, médiocre et prétentieux qui disait avoir prouvé son amour pour la Révolution « comme un amant se pare ordinairement des couleurs de sa maîtresse ». Les vers de Cubières se rappelleront seulement à la mémoire des lettrés par le distique brutal qu'ils inspirèrent à Rivarol sous forme de charade, et qu'on nous pardonnera de reproduire :

> Avant qu'en mon dernier le tout se laisse choir,
> Ses vers à mon premier serviront de mouchoir.

III

En même temps que le calendrier officiel, paraissent d'autres calendriers républicains avec des dénominations morales et des noms d'hommes célèbres mis à la place des noms des saints. Le premier que nous rencontrons est une nouvelle œuvre de Sylvain Maréchal, qui, grisé par le succès de l'*Almanach des Honnêtes Gens*, veut faire mieux encore avec l'*Almanach des Républicains*[1]. Il appellera janvier la Loi ; février, le Peuple ; mars, les Pères ; avril, les Époux ; mai,

---

[1]. Paris, 1793, in-18.

les Amants, etc. Chaque jour prendra le nom
d'un personnage fameux ou d'un événement important, comme Spartacus ou comme l'Invention
de l'imprimerie. Mais ce qui donne un prix singulier à ces curieuses innovations, ce sont les
commentaires dont Sylvain Maréchal les a gravement ornées. Nous ne pouvons résister au plaisir
d'en citer quelques-uns. Voici ce que l'auteur dit
de Fénelon : « Oublions qu'il était prêtre et, qui
pis est, archevêque. Mais il avait de si belles
mœurs, une âme si douce !... » Tite-Live lui
paraît un historien laborieux. « Il nous faut de
ces hommes-là, remarque-t-il, moins crédules
cependant. » Molière est un poète de valeur :
« Aujourd'hui on jouera son *Tartuffe*, quand on
aura changé le plat dénouement de ce chef-d'œuvre
dramatique. » Voltaire a rendu des services qui
méritent de la reconnaissance. Jugez-en : « Il
goguenarda les rois, il pinça les prêtres, il turlupina les nobles, il émancipa le peuple et lui inocula
la raison. » Moïse a droit à une place d'honneur
dans le calendrier, parce que « ce grand homme
possédait à fond la théorie des insurrections ».
Jésus-Christ lui-même n'est pas oublié. On le
fêtera le 25 mars, et Sylvain Maréchal veut bien
se donner la peine d'en exposer les raisons :

« Ce Juif fut condamné au gibet par les aristocrates et les calotins, pour avoir tenté une sainte insurrection parmi les sans-culottes de Jérusalem. Au reste, il donna lieu au proverbe : Nul n'est prophète impunément dans sa vie. » Il est vrai que, pour se faire pardonner cette audace, l'auteur présente, le 23 juillet, à la vénération des sans-culottes... Ninon de l'Enclos. « Citoyens, dit-il, nous vous demandons grâce pour cette femme. C'était une républicaine en amour et un homme en affaires !... » Cet almanach abonde en explications amusantes données, nous le répétons, avec le plus grand sérieux. Ainsi le capitaine Cook a été tué par les sauvages, parce qu'il a enfreint le droit des gens ; Aristote mérite des éloges, mais ce n'est pas pour avoir fait l'éducation d'Alexandre; Pascal est un homme de génie né trop tôt; Chaulieu a chanté le plaisir et l'amitié sur les genoux de la philosophie. Il faut pardonner à Virgile ses vers à Auguste, parce qu'il a bien décrit la nature et les mœurs rurales... « Si nous osions, ajoute l'écrivain, nous lui associerions Horace... mais !... » C'est au moment où la Terreur règne et commet les actes les plus sanguinaires que Sylvain Maréchal s'écrie, en invitant les citoyens à fêter Théocrite : « Tâchons de trouver un moment pour aller lire deux ou trois de ses idylles à l'ombre d'un saule, sur le bord d'un ruisseau frais !... »

Aussi le procureur de la Commune propose-t-il, le 7 octobre 1793, d'accepter le calendrier du citoyen Maréchal, afin qu'on ne célèbre plus de fêtes qu'en l'honneur de la liberté et de l'égalité. Il faut, en effet, « effacer jusqu'à la dernière trace du fanatisme! »

Rousseau-Jaquin et Étienne Dupin adoptent la méthode de Sylvain Maréchal. Avec leur *Almanach du Républicain*[1] ils offrent aux citoyens une galerie philosophique des hommes les plus célèbres : Lycurgue, Zoroastre, Harmodius, Aristogiton, Miltiade, les Horaces, Phocion, etc. « Dénichons les saints, disent-ils, c'est le meilleur moyen de dénicher les prêtres. » Une société de philosophes arrive à son tour, apportant le « Calendrier du peuple franc »[2]. Elle appelle, à son tour, janvier le mois des frimas; février, le mois du serment; mars, le mois de la liberté; avril, le mois des fleurs, etc. Elle offre au culte des sans-culottes les noms de Zaleucus, Charondas, Cléobis, Biton, Aristide, Guillaume Tell, Lepelletier, Franklin, Lucrèce, Mme Dacier, Adrienne Lecouvreur et autres. « Nous abjurons solennellement, déclare la société des philosophes, le patronage des demi-dieux

---

1. Paris, an II, in-12.
2. Angers, an II.

romains. La liberté, voilà notre idole ; ses défenseurs, voilà nos héros, voilà nos saints ! » On se demande où et comment Mme Dacier et Adrienne Lecouvreur ont défendu la liberté !

Le citoyen Saint-Vallié dédie à la République française un almanach républicain [1] destiné à affermir et à propager l'esprit de liberté et d'égalité. L'avertissement placé en tête de cet almanach nous paraît intéressant et digne d'être reproduit à titre de document. « Dans plusieurs journaux, et notamment dans ceux des citoyens Carra et Gorsas du 6 novembre 1792, j'ai lu, écrit le rédacteur, que les citoyens Manuel et Gorsas avoient parlé au comité d'instruction publique de la nécessité de réformer les almanachs. Le comité, en approuvant cette mesure, a observé que l'on touchoit à la fin de l'année, que l'on étoit déjà à l'époque de la circulation des almanachs, et que cette considération obligeroit le comité à renvoyer les almanachs au moment où il s'agiroit de la composition des livres des écoles primaires. Les citoyens Manuel et Gorsas invitent, par ce même article du 6 novembre 1792, tous les auteurs qui ont conçu quelques idées sur la nouvelle forme à donner à nos petits almanachs à y travailler

---

[1]. Dunkerque, 1793, in-18.

sérieusement. Point de saints surtout. Ils ne doivent plus paraître qu'à la Monnoye. — D'après cet avis, j'ai entrepris ce petit almanach. » Le calendrier inventé par Saint-Vallié est assez curieux. Dans une première colonne il place les anciens noms des jours de la semaine, dans une seconde le quantième des jours, dans une troisième la liste des saints dévoués à la République, dans une quatrième le nom des anciennes provinces, dans une cinquième les chefs-lieux de départements, dans une sixième les saints habituels, dans une septième les évêchés et les évêques et dans une huitième les heures du lever et du coucher du soleil. Nous allions oublier les numéros et les noms des régiments d'infanterie et d'artillerie, qui se trouvent pêle-mêle avec les nouveaux saints comme Dumouriez. Avouons que pour celui-là Saint-Vallié avait joué de malheur. La citoyenne Anselme est une des saintes dévouées à la République, parce que « cette jeune héroïne commande une légion, le bonnet rouge sur la tête ; elle ne quitte pas l'armée et attend avec impatience le moment de donner des preuves de sa valeur ».

H. Blanc et Xavier Bouchard dédient à tous les amis de la Révolution un almanach républicain [1]

---

1. Paris, an III, in-12.

dans lequel ils ont substitué, eux aussi, les noms d'hommes célèbres à ceux des ci-devant martyrs, vierges et confesseurs. C'est encore un défilé baroque de Régulus, de Gutenberg, de Triptolème, de Copernic, de Fabius, de Coligny *e tutti quanti*. Les auteurs mettent les mois en chansons. Voici un couplet spécimen sur Frimaire :

> Chacun, auprès de son tison,
> Se console avec sa bergère...
> L'amour adoucit la saison
> Et fait oublier le Frimaire.

Les sans-culottides sont fêtées à leur tour. Une chanson patriotique en l'honneur des sans-culottes invoque, comme leur ancêtre, Adam lui-même. S'il faut croire, dit-elle, au paradis dont parlent les prêtres, on sait que, dans l'Éden charmant,

> Adam fut sans-culotte ! (*bis*)

La grande préoccupation de Sylvain Maréchal, de Jaquin, de Dupin, de Blanc, de Bouchard et de Fabre d'Églantine, c'est d'anéantir, par leurs calendriers, le fanatisme religieux. Leurs petits livres secondaient bien les énergumènes qui, sous la Terreur, hurlaient dans les carrefours et à toutes les tribunes : « Guerre au fanatisme ! » c'est-à-dire guerre à la religion ! Il ne fallait pas laisser libres les prêtres factieux, dont le devoir pourtant était d'enseigner aux hommes une morale revêtue d'une sanction divine, car les jacobins avaient ouvertement manifesté leur dessein de détruire toute morale religieuse. De ces excitations, de ces paroles, de ces livres, de ces almanachs sortirent les plus détestables effets, et les malheureux ministres du culte se virent bientôt traqués, poursuivis, égorgés... C'était ce qu'on appelait alors, dans un langage détourné de son véritable sens : « Renoncer aux préjugés, abjurer le fanatisme et instaurer le règne de la philosophie ! » La raison pure devait succéder à la superstition des prêtres ; c'est ce que crut comprendre Ésope Desloges, sourd et muet, habitant la maison nationale de Bicêtre, qui publia en l'an II un *Almanach de la Raison* [1]. Il saluait l'avènement de cette nouvelle religion et son triomphe récent à Notre-Dame. Il écrivait, plein d'enthousiasme, ces vers étranges :

> Voûte si longtemps profanée
> Par le plain-chant du calotin,
> Tu ne seras plus parfumée
> Que par l'encens républicain !

C'était cependant un homme bien doux que cet

---

[1]. Paris, an II, in-12.

Ésope Desloges. Il avait commenté le nouveau calendrier d'une façon quelque peu poétique. Ne disait-il pas, à propos des travaux champêtres de Floréal : « Le cultivateur soulage d'un poids devenu inutile le docile animal dont la toison nous préserve des injures de l'air et nous tient chaud la nuit. » Et à propos de Fructidor : « La Nature bienfaisante récompense par des fruits rafraîchissants les peines de l'homme et lui donne le noyau dont le jus exprimé éclairera ses longues soirées d'hiver. » Il offrait à ses lecteurs un abrégé du catéchisme de politique et de morale pour l'instruction républicaine. En voici un extrait :

D. — Es-tu Français ?
R. — Oui, grâce à l'Être suprême et à l'insurrection du 14 juillet.
D. — Qu'est-ce qu'un Français ?
R. — Un Français est tout citoyen qui, étant né ou naturalisé en France, croit et fait profession de la Constitution républicaine française, décrétée par la Convention nationale.
D. — Ceux qui, étant nés ou naturalisés en France, n'adoptent point la Constitution républicaine, sont-ils Français ?
R. — Non, ce sont des brutes !...

Il y a de nombreuses fautes d'orthographe et plusieurs erreurs historiques dans cet almanach, mais le citoyen Ésope Desloges nous prie de les excuser, parce qu'il est, dit-il lui-même, « sourd et muet et ne doit son éducation qu'à la Nature!... »

Les poursuites et les violences dont souffraient les prêtres étaient naturellement dirigées contre tout suspect de contre-révolution. Les royalistes cherchent alors à défendre et leur foi et leurs convictions politiques. Dans l'*Almanach des Honnêtes Gens* de 1793 [1] ils donnent, pour frapper l'esprit du peuple, les détails les plus émouvants sur les journées de Septembre, avec la liste des personnes massacrées dans les différentes prisons. Ils y ajoutent des gravures où l'on voit des maisons en flammes, des hommes assassinés, des femmes en pleurs, et la Vérité, la Justice et la Pitié qui remontent au ciel, emportant dans leurs bras le sceptre et la croix. Ils supposent un dialogue entre deux morts fameux, Mirabeau et le duc de La Rochefoucauld. Le comte de Mirabeau s'étonne de voir arriver sitôt aux enfers le noble duc. Quant à lui-même, sa mort rapide n'avait rien de surprenant. « Je menais les plaisirs, dit-il, comme les affaires : criant, disputant, écrivant la moitié de la journée, ivre l'autre moitié, libertin à l'excès; un tel genre de vie a avancé mon voyage de quelques années. » Mais le duc n'était-il pas un petit Caton?

---

[1]. Paris, 1793, in-18.

Qu'est-il arrivé? Ce n'est donc pas sa belle mort qui l'amène parmi les ombres?... La Rochefoucauld apprend au tribun qu'il vient d'être assassiné, coupé par morceaux. « Qui vous a égorgé?... Quel est ce monstre-là? s'écrie Mirabeau. —Vous! » répond le duc; et il lui montre, de l'autre côté du Styx, une foule innombrable de spectres qui appellent le funèbre batelier. Ce sont des princes et des princesses, ce sont Messieurs du clergé de France, ce sont des magistrats, des gens de lettres, des ministres, des administrateurs, des juges de paix, des intendants, qui d'une même voix crient, en désignant l'ancien tribun épouvanté : « Le monstre qui nous a égorgés, c'est toi, Mirabeau!... — Et ma gloire? demande tout à coup Mirabeau inquiet. Vient-on toujours au Panthéon jeter des couronnes sur ma tombe? — A l'heure où je vous parle, lui répond le duc, vos cendres vont être exhumées et jetées au vent comme celles d'un vil coquin!... » Et, désespoir! ce ne sont pas les aristocrates qui sont coupables d'un tel forfait, ce sont ses anciens amis et courtisans.

Après ce piquant dialogue apparaissent des prophéties attribuées à saint Césaire, où l'on annonce que les autels et les temples seront détruits, les pasteurs chassés de leur siège, l'Église dépouillée de ses biens temporels, mais que la fin de ces misères va venir, qu'un roi captif reprendra la couronne des lis et détruira les enfants de Brutus... A ces railleries et à ces prédictions, un écrivain jacobin, Salles, oppose l'*Évangile des républicains*[1] ; et, s'adressant au peuple français : « Je t'annonce, dit-il, un Évangile nouveau, le seul qui convienne à l'homme libre, l'Évangile des républicains. Sa morale est douce, pure et bienfaisante comme la Nature, qui en est la source éternelle. Elle te trace tes devoirs, t'assure tes droits, te garantit irrévocablement ta souveraineté. » La tirade connue sur la disparition du despotisme et de la superstition devant la raison et la philosophie revient comme une vulgaire rengaîne. Cette douce morale, dont Salles se plaît à louer les charmes, peut se résumer en quelques mots : « Plus de rois, plus de prêtres, la liberté, l'égalité, la République une et indivisible ou la mort! Voilà ton Évangile et le mien. Salut!... » La gravure qui accompagne cet almanach est significative. Elle représente Hercule couronnant de lauriers la République qui tient à la main les tables de la loi et les Droits de l'homme. A ses pieds sont enchaînés les rois, les magistrats, les évêques et les hydres de la tyrannie. Çà et là sont

---

1. Paris, an II, in-32.

épars des débris de mitres, de crosses et de sceptres. Un couplet en l'honneur de Marat et de Lepelletier nous éclairera davantage sur la douceur de l'Évangile annoncé par Salles. Il invoque les martyrs de la patrie, et se termine ainsi :

> N'attendez point d'encens, de larmes
> D'un peuple de républicains ;
> Vos honneurs sont dans vos destins,
> Votre vengeance est dans nos armes.
> Vengeance, citoyens, victimes trop de fois,
> Frappons nos assassins, les prêtres et les rois !... (*bis*).

Un certain Timoléon, prédicateur du même genre, offre des *Étrennes aux sans-culottes*[1], en ayant soin de faire cette réflexion préalable : « Les hommes éclairés ne trouveront dans cet almanach rien de saillant, rien de neuf ; ce n'est pas précisément pour eux que j'écris. » En effet, ce sont des entretiens très familiers, sur la politique et divers autres sujets, entre Bastien, Roche, Claude et Timoléon. Ce dernier leur parle d'hommes vraiment libres qui ne connaissent plus de despote que la loi, et il leur fait le plus grand éloge des sans-culottes. Bastien, ému, lui répond :

C'est une belle chose que la justice qui est enfin rendue à l'humanité tout entière, et c'est d'autant

---

1. 1793, in-18.

plus beau que c'est aux sans-culottes qu'on la devra !

JÉROME. — Bien dit, cela ! Aussi le nom de sans-culotte est-il immortel !

BASTIEN. — Toutes les oreilles ne se font pas encore à ce nom, mais on les y accoutumera.

Il termine l'entretien par une glorification du sans-culotte qui est prêt à soutenir, « tout nud s'il le faut ! » la liberté et l'égalité.

Aux Étrennes des sans-culottes répliquent les *Étrennes en vaudevilles législatifs*[1] des royalistes. Ici se présente l'amusante histoire des chemises du célèbre Gorsas. Dans le *Courrier des 83 départements* du 9 février 1791, ce journaliste avait critiqué le départ de Mesdames Adélaïde et Victoire pour l'étranger. Il leur reprochait d'emporter des sommes considérables et de nombreux effets. « Tout ce que vous possédez, écrivait-il, depuis votre château de Bellevue jusqu'à vos dentelles, jusqu'à vos jupes, jusqu'à vos chemises (pardonnez-moi le mot), ne vous appartient en aucune façon. Toutes ces choses appartiennent à la nation. » Le chansonnier Marchant, l'auteur des *Sabbats jacobites*, trouvant ce reproché grotesque, raconta, ce qui était exact, que Mesdames avaient été arrêtées à Arnay-le-Duc[2] par une municipalité

---

1. 1793, in-18. — 2. Voir aux Annexes.

trop zélée. Les patriotes qui la composaient, croyant que les tantes du roi emportaient les chemises du journaliste, demandaient à visiter leurs bagages, et un officier municipal leur chantait ce couplet :

> Donnez-nous les chemises
> A Gorsas !
> Donnez-nous les chemises !
> Nous savons, à n'en douter pas,
> Que vous les avez prises,
> Donnez-nous les chemises
> A Gorsas !

Madame Adélaïde répondait, étonnée :

> Cherchez, messieurs les magistrats,
> Cherchez dans nos valises ;
> Je n'ai point les chemises
> A Gorsas,
> Je n'ai point les chemises !

Et Madame Victoire ajoutait en zézayant :

> Avait-il des zemises,
> Gorsas ?
> Avait-il des zemises ?

La municipalité, ne découvrant rien, faisait force excuses à Mesdames et leur rendait la liberté. Ce qu'il y eut de moins comique dans cette affaire, c'est que Gorsas, conduit plus tard à l'échafaud comme girondin et contre-révolutionnaire, entendit des voix s'élever du milieu de la foule et lui crier ironiquement :

> Rendez-nous les chemises,
> O Gorsas,
> Rendez-nous les chemises !...

Après cette historiette viennent des railleries sur la Constitution, sur le peu de liberté dont jouissaient alors les Français. Ainsi un pauvre citoyen raconte qu'avant la Révolution il était heureux, tranquille ; qu'il gagnait force écus, et que sa maison ne manquait de rien. Avec le nouveau régime tout a changé ; il est pauvre, il est persécuté, dénoncé, menacé de mort. Il est vrai que, pour se consoler, il peut chanter :

> Mais, Messieurs, j'ai la liberté ! (*Bis*.)

Ce n'est pas seulement la Constitution, c'est la République elle-même qui est mise en vaudevilles. Les droits de l'homme, le mariage civil, les nouveaux costumes, l'interdiction des pièces royalistes, tout est le sujet de nombreuses plaisanteries. L'auteur donne une liste amusante du vocabulaire qu'il faut nécessairement employer dans les discours, afin de se mettre à la hauteur des circonstances. En voici les termes les plus en vogue : « Despote, pudeur, esclavage, patriotisme, patriote, salut du peuple, démocratie, commune, liberté, sans-culotte, fraternité, serment, tyran, véto, rebelle, fédéré, bien public, fanatisme, etc. »

Le *Portefeuille d'un émigré*[1] publie une parodie de la *Marseillaise*, dont le refrain connu commence ainsi :

A table, citoyens; videz tous les flacons!

mais dont le tout forme une satire bien innocente.

Le même almanach trace de cette façon amphigourique le portrait de Necker : « Vrai Prométhée, c'est lui qui a fait tomber dans notre malheureuse France la boîte infernale des maux qui nous dévorent!... » Voilà Necker comparé en quelques lignes à Prométhée et à Pandore, et dans quel style!...

Le *Chansonnier de la Montagne*[2] essaye de faire justice des flonflons royalistes. Au nombre des chansons qui célèbrent la fête de Marat et de Lepelletier, la reddition de Lyon, le blocus de Valenciennes, etc., nous trouvons le couplet suivant, qui fut chanté à la barre de la Convention,

---

1. 1793, in-18.
2. An II, in-18.

le 5 juillet 1793, par Chénard et Narbonne de la Comédie-Italienne, sur l'*air des Marseillais* :

> Citoyens chers à la patrie,
> Nous venons vous offrir nos cœurs;
> Montagne, Montagne chérie,
> Du peuple les vrais défenseurs;
> Par vos travaux la République
> Reçoit sa constitution.
> Notre libre acceptation
> Vous sert de couronne civique.

Victoire, citoyens, gloire aux législateurs !
Chantons! leurs noms chéris sont les noms des vainqueurs!

La Convention décréta gravement l'impression et l'envoi de ce couplet aux départements. Il faut reconnaître que si Chénard et Narbonne étaient de bons chanteurs, ils venaient de se montrer détestables poètes, car les vers de ce couplet étaient de leur composition... Ce n'étaient pas seulement des acteurs que la Convention admettait à la barre, mais parfois encore des individus revêtus de chapes et d'ornements sacerdotaux pris aux églises, qui venaient se pavaner devant les représentants, pérorer et dire force insanités, aux applaudissements des tribunes [1]. Un jour, ce sont les artistes de la musique de la garde nationale qui se présentent pour jouer l'*Hymne à la Liberté* de

---

[1]. Voyez, entre autres, les séances de brumaire an II.

Marie-Joseph Chénier, mis en musique par le citoyen Gossec, qu'on surnommait le Tyrtée de la Révolution; après eux, ce sont leurs élèves qui exécutent une symphonie et l'air : *Ça ira!* Un autre jour, c'est la déesse Raison, portée par quatre sans-culottes, qui s'avance solennellement dans la salle des séances. Les applaudissements éclatent, les cris de toute sorte retentissent; on agite en l'air les chapeaux et les bonnets, la musique fait entendre des accords civiques, et la déesse, « une belle femme, dit le compte rendu, est conduite au président, qui lui donne le baiser fraternel... » Tantôt ce sont des pièces de vers, tantôt des chansons que débitent les premiers patriotes venus, gens que l'Assemblée est forcée de féliciter et d'inviter aux honneurs de la séance. Si le *Moniteur* ne constatait pas officiellement ces faits, on n'oserait y ajouter croyance.

Saint-Just voulut rivaliser avec le *Chansonnier de la Montagne*. Il publia un almanach chantant, dédié au peuple français qui sait combattre, vaincre et célébrer ses victoires. Ce recueil, qui s'appelle *la Muse républicaine*[1], contient le *Ça ira*, la *Marseillaise*, la *Gamelle*, le *Bonnet de la liberté*, la *Carmagnole*, le *Veillons au salut de*

---

1. 1793, in-24.

l'empire et l'*Hymne à la Liberté* dont nous venons de parler, hymne qui fut chanté à Notre-Dame, le 20 brumaire an II.

Tous ces almanachs avaient un but politique, et il importe de constater qu'à cette époque ils servirent en grande partie de manuels d'éducation civique. Un des plus curieux opuscules de ce genre est le *Décadaire républicain, ou le Calendrier des vertus* [1], écrit par le citoyen Desforges, homme de lettres. Desforges avait eu l'idée d'offrir aux Français le dénombrement de leurs ressources contre l'erreur, la faiblesse, le vice, le crime et le malheur. Il plaçait à chaque jour le nom d'une vertu à pratiquer et il s'écriait : « L'homme va pouvoir compter tous ses jours par toutes les vertus dont il est susceptible... » Les définitions de ces vertus sont parfois intéressantes à relever. Nous en donnerons quelques exemples. L'amitié était qualifiée de sentiment céleste, charme le plus pur de la vie; l'amour, de sentiment précieux qui fait tour à tour le bonheur ou le malheur des hommes; le civisme, de première vertu du citoyen, laquelle change tous les devoirs en passion; l'innocence, de vertu de tous les âges que l'on peut conserver jusqu'au terme de sa vie; et le plaisir, d'état de bonheur

---

1. Paris, an II, in-12.

qui ne mérite ce nom que quand il est pur!...

Chose curieuse à noter une fois de plus : c'est au moment même où se commettent les actes les plus sauvages qu'on parle le plus de sensibilité! N'est-ce pas à l'heure où Fouché fait mitrailler les Lyonnais, coupables de s'être défendus contre un ramas de cruels despotes, qu'il invoque la tendresse de son cœur? N'est-ce pas à ce propos qu'il écrit à l'un de ses amis :

« *La Terreur, la salutaire Terreur, est ici à l'ordre du jour. Elle comprime tous les efforts des méchants. Exerçons la justice à l'exemple de la nature: vengeons-nous en peuple et frappons comme la foudre, et que la cendre même de nos ennemis disparaisse du sol de la liberté! Adieu, mon ami, les larmes de joie coulent de mes yeux; elles inondent mon âme!*

P. S. — *Nous n'avons qu'une manière de célébrer la victoire : nous envoyons ce soir deux cent seize rebelles sous le feu de la foudre!* »

C'est ce que Collot d'Herbois appelait sérieusement, au club des Jacobins, le 23 décembre 1793, « montrer une marque de sensibilité!... »

D'autres almanachs renferment l'alphabet des sans-culottes et les premiers éléments de l'éducation républicaine, ou se chargent d'enseigner aux générations nouvelles les plus belles pensées de Rousseau. Ceux-ci racontent la vie et la mort républicaines du petit Émilien, ceux-là enseignent la morale des sans-culottes de tous les âges et de tous les sexes, les épîtres et les évangiles du républicain, et des pensées civiques pour tous les jours de l'année. Rouy l'aîné, dans son *Catéchisme historique et révolutionnaire* [1], donne le récit des actions d'éclat, des traits de courage et d'héroïsme qui se sont présentés jour par jour dans les armées et à la Convention. On peut juger de l'esprit de l'ouvrage, quand on voit dans le frontispice un sans-culotte qui force, à grands coups de sabre, un prêtre et un noble à passer sous le niveau égalitaire que tient une forte femme, aux pieds de laquelle est placée la devise : *Liberté, égalité ou la mort!...* Ce catéchisme est destiné à la jeunesse. Elle pouvait y apprendre les actions d'éclat de l'histoire contemporaine, en lisant, par exemple, ces détails sur l'exécution de Louis XVI : « Les citoyens, ne sachant comment exprimer leur joie de se voir pour jamais délivrés du fléau de la royauté, s'embrassèrent tous avec l'épanchement de la plus douce union et de la plus heureuse fraternité; après quoi ils chantèrent des hymnes à la liberté, en formant des ronds de danse à l'entour de l'échafaud et sur toute la place de la Révolu-

---

[1] Paris, an II, in-18.

tion! » Il est vrai qu'on lira plus tard les mêmes détails sur « la réjouissance des hommes libres », lors des exécutions des Girondins, des Dantonistes, de Robespierre et de ses amis.

Le Magicien républicain[1], du même auteur, appelle, lui aussi, la journée du 21 janvier « la plus glorieuse pour la liberté des nations ». Il demande une loi qui force les mères « à nourrir elles-mêmes leurs enfants *jusqu'à l'âge de six ans* », puis à les placer dans les maisons d'éducation nationale pour y recevoir l'instruction convenable aux républicains. Rouy s'y représente, dans une gravure, étudiant sous l'inspiration de la déesse Liberté et s'écriant :

> Par la philosophie, ô sainte Liberté,
> Extermine les rois !... Vive l'Égalité !

Les Étrennes patriotiques aux armées françaises[2] contiennent le recueil des plus beaux traits de courage, de bravoure, de patriotisme, des armées de la République, et prennent pour épigraphe cette devise : « Guerre aux tyrans ! Paix et liberté aux peuples !... » On y cite les exploits de Beaurepaire, Beurnonville, Lormier, Muratel, Kellermann,

---

1. Paris, chez Janet, 1793.
2. Paris, chez Girod et Tessier, 1793.

Custine, Vizelle, David, Dumouriez, et les hymnes de La Harpe et du citoyen Rouget à la liberté.

Surgissant tout à coup au milieu de cette nuée de recueils, d'abécédaires et de catéchismes révolutionnaires, l'*Almanach de Mathieu Laensberg*[1] osa prédire, en 1794, la chute du gouvernement. Il fut naturellement saisi et détruit. N'avait-il pas eu l'audace de prendre pour devise ce verset du Psalmiste : « *Deposuit potentes de sede et exaltavit humiles.* »

On ne dit pas si l'on décréta l'arrestation de Mathieu Laensberg (qui vivait vers l'an 1600), mais il est bien permis de croire, vu les précédents, que quelques fougueux jacobins la réclamèrent. Qu'on se rappelle seulement l'interrogatoire d'André Chénier par les commissaires Gennot, Cramoisin, Boudgoust et Duchesne, où ces farouches questionneurs prennent « la maison à côté » pour la maison « *Au citoyen Cottée!...* » Ce n'était pas d'ailleurs la première fois que les sans-culottes confondaient le Pirée avec un homme, et Mathieu Laensberg l'a sans doute échappé belle.

---

1. Paris, an II, in-18.

IV

Nous arrivons au Directoire : ici les almanachs appartiennent presque tous au parti de la réaction. A part les almanachs d'Aristide [1], du citoyen Bouvet [2], des sans-culottes [3] et l'Annuaire de Romme [4], ce conventionnel qui va, dans quelques jours, se poignarder devant la commission militaire chargée de juger les fauteurs de l'insurrection de prairial, ce ne sont que d'amers pamphlets contre les jacobins. Clameurs de vengeance et de colère contre Carrier, Fouquier-Tinville, Collot d'Herbois, Billaud-Varennes, Amar, Barère, Vouland, Lebon et toute leur séquelle; satires, libelles, appels de mort, retentissent de toutes parts. Les colporteurs de brochures et d'almanachs se répandent par la ville, en criant ces titres sonores : « A bas les brigands et les buveurs du sang! A

---

1. Paris, an III, in-32.
2. *Les Deux Despotismes détruits*, almanach philosophique pour l'an III; Lille, in-18.
3. Paris, an III, in-18.
4. Paris, an III, in-18.

bas les fripons, les dilapidateurs, les exacteurs et les tortionnaires ! A bas les bêtes féroces de la Révolution ! Coupez les griffes au parti féroce ! Tremblez, vil troupeau d'égorgeurs ! Guerre aux factieux et aux scélérats ! Faisons rentrer les monstres dans la poussière ! Aux cabanons de Bicêtre les jacobins ! A bas Carrier Cacus ! A bas le tigre Fouquier ! A bas le caméléon Barère ! A bas l'indécrassable Louchet ! A bas le monstrueux Vadier ! A bas le lubrique Lebon ! Qui veut lire les douze épitaphes des douze apôtres de Robespierre ?... » Et ce sont les mêmes hommes qui hurlaient hier les fournées de l'échafaud, qui se plaisent aujourd'hui à proclamer l'arrestation ou la mise en jugement des bourreaux ! On n'entend partout que des récits de la cruauté ou de la bêtise des anciens tyrans, dont le petit nombre épouvantait, quelques jours auparavant, la foule qui s'en amuse maintenant et s'en venge avec délire. On vocifère dans les rues, les carrefours et les places publiques, le *Réveil du peuple* de Souriguères, et cette strophe revient à chaque instant aux oreilles des jacobins :

> Quelle est cette lenteur barbare ?
> Hâte-toi, peuple souverain,
> De rendre aux monstres du Ténare
> Tous ces buveurs de sang humain !

L'*Almanach des gens de bien* de 1795 [1], commence ainsi : « Salut aux gens de bien ! C'est à eux que j'offre ces étrennes ; c'est d'eux seuls que j'ambitionne les suffrages. Sous le règne du tyran Robespierre, les gens de bien étoient dans l'oppression, ils pleuroient sur leur patrie, ils n'osoient fixer les yeux sur l'avenir. Qu'ils reprennent aujourd'hui courage, qu'ils sèchent leurs pleurs, qu'ils ouvrent leurs cœurs à l'espérance : le tigre n'est plus, tout va changer de face... » Et cet almanach rapporte plusieurs anecdotes pour servir à l'histoire des hommes et des événements des derniers temps. C'est ainsi qu'il assure avoir trouvé à la mairie de la Ferté-Alais la pièce suivante : « Aujourd'hui, quintidi *Dindon*, décade *Herse*, je nous sommes transporté chez ledit Robert détenu en la maison de détention ; avons trouvé les scellés tels qu'ils étoient ; j'avons fait monter la gouvernante, et après la vérification de toutes les pièces, ladite gouvernante a signé avec nous, après qu'elle nous a déclaré ne savoir écrire ni signer. » Le *Mathieu Laensberg antijacobite* [2] reparaît et, reproduisant le calendrier grégorien, proscrit depuis deux ans, déclare dès le

---

1. 1795, in-18.
2. 1795, in-18.

préambule : « Nous jouissons de la liberté des opinions; on ne trouvera pas mauvais que j'en use en fait d'astronomie. » Il explique donc à sa manière les signes du zodiaque. Voilà quelques-unes de ses prédictions : « *Le Bélier* : un grand troupeau fatigué, appauvri, dévasté, demande enfin à grands cris un autre chef et de nouveaux conducteurs. — *Le Taureau* : il chasse à grands coups de corne les pasteurs infidèles. — *L'Écrevisse* : marche actuelle des usurpateurs. — *Le Lion* : il est jeune encore, mais il fera bientôt l'essai de ses forces. — *La Balance* : Thémis va reprendre la sienne, mais elle n'oubliera pas son glaive. » Il paraît, suivant Mathieu Laensberg, que la Terreur a non seulement sévi sur les hommes, mais encore sur les animaux. On nous donne ainsi les dernières nouvelles du Muséum d'histoire naturelle, en 1795 : « Les animaux des pays lointains, que les rois avaient rassemblés des trois parties du monde, n'ont pu résister au débordement des barbares. Soit qu'ils aient été mal soignés et mal nourris, soit que ces bêtes, nommées féroces, aient éprouvé une douleur secrète en voyant dévaster le palais de leurs maîtres, ces bêtes féroces ont, pour ainsi dire, donné une leçon de vertu et de reconnaissance et ont offert des modèles de sensibilité : la plupart sont mortes de faim ou de langueur. Le rhinocéros a péri, l'éléphant a succombé, le tigre et le léopard n'ont pu résister à la calamité publique; le dromadaire vient de mourir comme les autres... »

Les chansons satiriques pleuvent aussi sur les jacobins. Nous en prenons une, qui eut un grand succès, intitulée : *la Jacobinière*, et dont le refrain se termine par chacune des voyelles A. E. I. O. U.

>De la Jacobinière
>Voici l'heure dernière ;
>La mort de Robespierre
>La met hors de combat.
>   A. A. A. A.
>
>En vain, elle s'agite
>Cette troupe maudite,
>Le coup qu'elle médite
>Est un coup avorté.
>   E. E. E. E.
>
>Par cette politique
>Robespierre et sa clique
>Tuaient la République,
>En tuant ses amis.
>   I. I. I. I.
>
>Puisque la hache est prête
>Qu'on leur tranche la tête ;
>Ce petit trouble-fête
>Leur paraîtra nouveau.
>   O. O. O. O.

> Supprimez la cohorte
> Qui leur prête main-forte,
> Et traitez-la de sorte
> Que l'on n'en parle plus!
> U. U. U. U.

Un autre écrivain royaliste, Villiers, auteur du *Portefeuille d'un Chouan*[1], prend pour épigraphe cette phrase significative : « Périssent à jamais les cannibales qui règnent encore sur nous! » Entre autres satires, il écrit que Mme Tallien a voulu, la première, mettre à la mode les perruques blondes. Il en avertit ses lectrices et leur fait répondre aussitôt :

> Cela suffit, Monsieur, pour nous en dégoûter!

Ailleurs, il suppose ce petit dialogue entre un citoyen et un garçon du café de Foy.

LE CITOYEN. — Dites-moi, garçon, les jacobins osent-ils venir encore ici?

LE GARÇON. — Oh! mon Dieu! oui.

LE CITOYEN. — Prennent-ils quelque chose au café?

LE GARÇON. — Oui, Monsieur. Il y en a un, l'autre jour, qui a pris... six cuillères d'argent.

Les députés, avec leurs nouveaux chapeaux à

---

1. 1796, in-18.

plumes, prêtent également à la raillerie. Il ne faut cependant pas blâmer leur costume :

> Car il leur convient fort. Tout ce qui porte plume,
> Comme chacun le sait, est sujet à voler.

Marie-Joseph Chénier n'échappe pas non plus à la vengeance de Villiers et du parti royaliste. Rappelant une phrase pompeuse par laquelle le poète avait déclaré qu'il s'envelopperait dans sa vertu, l'auteur s'écrie malicieusement :

> Parbleu ! Monsieur Chénier, voilà ce qui s'appelle
> Être légèrement vêtu !

De son côté, Bailleul ne veut pas demeurer au-dessous des plaisanteries de Villiers, et dans son *Almanach des bizarreries humaines* [1], il réunit force anecdotes piquantes sur la Révolution pour instruire les grands et petits enfants. C'est ainsi qu'il affirme avoir lu sur les registres de la prison des Madelonnettes un écrou motivé de la sorte : « Arrêté comme prévenu d'être suspect et comme ayant une figure trop joviale pour pouvoir aimer la Révolution. » Il rappelle qu'un orateur de carrefour proposait sérieusement à ses auditeurs une mesure efficace, suivant lui, pour

---

1. An V, in 18.

détruire la noblesse héréditaire : c'était de défendre aux nobles d'avoir, à l'avenir, des enfants mâles. Enfin, il reproduit l'adresse de félicitations au rapporteur du projet sur la fonte des cloches :

> Din don, din don, din don.
> Vos très humbles et très obéissantes servantes,
> Les cloches de France.

Le rédacteur du *Journal général* publie, à son tour, un *Almanach des gens de bien*[1], où il raconte l'historiette que voici à propos de l'emprunt forcé : Un spectateur, sortant de l'Opéra, était transporté d'enthousiasme, ne songeant qu'à Vénus, qu'à Psyché, qu'à l'Amour, lorsqu'un filou lui déroba sa montre :

> Je le saisis... Coquin, tu m'as volé ?
> — Non, citoyen. C'est un emprunt forcé.

Voici quelles sont, d'après l'auteur, les indications que doit porter à ce moment le baromètre politique français : « Les Jacobins à la tempête ; les Cinq-Cents à l'orage ; les Anciens au tempéré ; le Directoire au variable ; les Assignats au vent ; le Peuple au très sec et le Patriotisme à la glace. »

---

1. 1796-1797, in-18.

Un autre *Almanach des gens de bien*[1] débute par une gravure qui représente la Révolution sous la forme d'une furie, tenant un poignard d'une main, une torche de l'autre, la tête et le col entourés de serpents, et couverte d'une robe où figurent des crânes et des tibias. Elle foule aux pieds les tables de la loi, des croix, des sceptres, des mitres et une tiare. Derrière elle l'incendie dévore les temples et l'échafaud abat de nombreuses victimes. Après cette gravure paraît la liste des conventionnels qui ont voté la mort de Louis XVI, avec une notice curieuse sur le sort de chacun d'eux. Les jacobins y reçoivent aussi de nombreux horions. On en jugera par le premier couplet d'une litanie qui fut bientôt en vogue :

> O vous qui gouvernez la France,
> Délivrez-nous des jacobins !
> On ne craint autre chose en France
> Que le retour des jacobins !
> Chacun sait ce qu'étoit la France
> Sous le règne des jacobins !
> Aussi chacun répète en France :
> Délivrez-nous des jacobins !

L'auteur de l'*Évangile républicain*, qui, en 1794, avait demandé le massacre des prêtres et des rois,

---

1. 1797, in-18.

devient tout à coup réactionnaire et publie un *Almanach des honnêtes gens* [1], où il se réjouit de l'événement qui a délivré la France de l'infâme Robespierre. Il nous donne en quatre vers le tableau exact de Paris sous le Directoire :

> On accapare, on crie, on se mutine,
> Les citoyens ont ordre de marcher;
> On joue, on vole, on danse, on assassine,
> Le jour finit, et l'on va se coucher.

Le patriote Salles, qui a maintenant horreur des hommes de sang, suppose ce dialogue véhément entre Charette et Carrier aux enfers :

CARRIER. — Allons, plus de rancune, monsieur Charette, nous voici dans un nouveau monde où les haines des partis n'existent plus. C'est ici le pays de la parfaite égalité.

CHARETTE. — Scélérat! ta bouche ose encore profaner mon nom? Il t'appartient bien de philosopher sur les malheurs de la vie, toi, l'horreur de ton pays et l'exécration de tout le genre humain!...

Carrier se défend alors à sa manière et accuse les Vendéens de fanatisme.

---

1. 1797, in-18.

CHARETTE. — Oui, nous étions fanatiques, mais de cette liberté que vos décemvirs ont tant célébrée, tant promise, et qu'ils n'ont jamais donnée. Pourquoi donc avons-nous pris les armes, si ce n'est pour défendre nos foyers, nos propriétés, nos familles?...

Puis, rappelant les crimes de Carrier, il l'envoie à tous les diables.

La guerre des Vendéens et des Chouans, auxquels Salles vient de faire allusion, engagea le comte Joseph de Puisaye à composer, en 1795, un *Almanach royaliste*[1], dédié à Monsieur, régent de France, au comte d'Artois, aux armées catholiques et à tous les Français qu'enflammait le désir de combattre sous leurs drapeaux. Ce document rarissime, que nous avons pu consulter, grâce à l'obligeance extrême de M. de La Sicotière, son heureux possesseur, contient bien des renseignements sur les chouans.

On sait que le comte de Puisaye, après la défaite des fédéralistes de l'Eure, s'était réfugié en Bretagne, en 1793, pour y réorganiser la chouannerie. Agent du comte d'Artois, il était un de ceux qui avaient le plus poussé les Bretons à se réunir aux Vendéens et à faire succéder aux grandes rencontres les escarmouches incessantes de la guerre

---

1. Nantes, 1795, in-8°, troisième année du règne de Louis XVII.

de partisans. Il eut l'idée de seconder et d'accentuer le mouvement royaliste, catholique et contre-révolutionnaire par un opuscule, dont chaque page, chaque mot étaient destinés à réveiller et à exciter le zèle des paysans. « Braves Bretons, leur dit-il, bons chrétiens, bons sujets, bons parents, bons amis, vous ne pouvez pas être républicains françois, car un républicain françois n'est rien de tout cela... » Il leur démontre que Louis XVI aimait seul la France, que seul il voulait et pouvait la rendre heureuse. Ce sont les députés, « petits avocats, misérables procureurs, ignorants médecins », qui lui ont ôté le trône et lui ont coupé le cou comme à un malfaiteur ; ce sont eux qui ont désolé le pays et commis les plus grands crimes contre les grands et les petits. « Pour la moindre faute, ajoute-t-il, ils vous ont massacrés. Il n'y en a pas un de vous qui n'ait un voisin, un ami, un parent à pleurer. Voilà la liberté, l'égalité et le bonheur qu'ils vous annoncent depuis quatre ans ! Vous êtes pauvres ; les choses les plus nécessaires à la vie vous manquent ; vous les payez cinq ou six fois plus cher que sous votre bon roi, et vous ne pouvez pas même les avoir pour votre argent, tandis que vos représentants gagnent 36 francs par jour, qui ne leur suffisent pas pour le train qu'ils mènent. » Puisaye accuse les députés d'agioter et de se payer des chevaux, des carrosses, des hôtels, des tables somptueuses, des maîtresses. Au lieu d'un roi, les Français ont maintenant huit cents rois et les courtisans de ces huit cents rois à nourrir. Aussi la dépense de l'État est-elle vingt-sept fois plus considérable aujourd'hui que sous le bon Louis XVI. « Bretons, s'écrie Puisaye, restez unis et armés. Gardez vos bleds et vos chefs. Aimez Dieu, servez-le constamment. N'écoutez que les prêtres qui n'ont pas juré ; les autres sont des apostats. Demeurez fidèles au roi. Ceux qui mourront dans ces sentiments sont sûrs de mourir martyrs et d'aller droit au ciel. » Enfin, il leur offre ainsi son almanach : « Acceptez ce petit présent. Au moyen de leurs décades vous ne savez plus comment vous vivez. C'est pour vous que j'ai fait ce petit almanach chrétien. Vous y trouverez des prières courtes, mais ferventes, et il servira à vous rappeler vos malheurs et vos devoirs. Dieu vous ait dans sa sainte garde !... » Après cet exorde, habilement fait pour des paysans, vient la lettre pastorale de l'évêque de Dol aux ecclésiastiques non assermentés de son diocèse, attachés aux fonctions du saint ministère près l'armée catholique et royale de Bretagne. L'évêque y fait l'éloge des prêtres qui ont sacrifié leurs biens et leur vie pour la défense de la religion, ainsi que l'éloge des Bretons qui, en se battant pour une aussi belle cause, sont assurés d'une récompense dans la patrie céleste.

Les mois sont ensuite consacrés à Louis XVI martyr, à La Rochejaquelein martyr, au général Delbecq martyr, au général de Bonchamp martyr, au général de Lescure martyr, à l'aide de camp Focard martyr, au général de La Trémouille martyr, au général Cathelineau martyr, à Marie-Antoinette martyre, au curé Gaultier martyr, à l'aumônier Crosson martyr. A chaque mois est consacrée une prière. Voici celle qu'on adressait à Dieu pour le roi Louis XVI : « Seigneur, ne nous imputez pas la mort de ce roi innocent et équitable, que des sacrilèges et des impies ont conduit à l'échafaud. Nous n'avons pu lui sauver la vie, mais nous espérons, aidés du secours de votre bras, Seigneur, remettre sur la tête du fils la couronne arrachée au père. » Les autres prières invoquent la nécessité de la pénitence, le triomphe de l'armée catholique, la restauration du culte, la sanctification du dimanche, le dévouement au pape, seul chef de l'Église, la clémence divine pour les vexations faites à la famille royale, la cessation du schisme et de l'hérésie. Après les prières viennent des chansons sur la mort du roi, sur l'appel aux armes et sur les douleurs de la France. On y retrouve des chants guerriers populaires avec ce refrain naïf :

> Soldats de la religion,
> Oui, nous détruirons la Constitution,
> Ou nous mourrons !

et cet autre sur l'air de la *Marseillaise:*

> Aux armes, compagnons, le Ciel combat pour nous,
> Frappez, un Dieu vengeur, un Dieu conduit vos coups !

Enfin l'*Almanach royaliste* se termine par des proclamations des généraux et chefs de l'armée catholique de Bretagne aux Français, où ils déclarent qu'ils se sont levés pour rétablir la religion catholique, maintenir la monarchie, libérer le peuple et lui rendre la paix, l'ordre et la tranquillité. Les mêmes engagent les généraux, officiers et soldats des armées républicaines à se ranger sous les drapeaux du roi, avec promesse du maintien de leurs solde, grades et dignités. En dernier lieu, les éphémérides, choisies avec soin, relatent la mort glorieuse du roi, la mort subite de l'évêque constitutionnel Saives, le massacre de quatorze prêtres non assermentés, le fouet donné à des femmes pieuses, la fin héroïque de La Rochejaquelein, la mort affreuse des assassins du roi, etc. On voit que tout était adroitement combiné dans cet ingénieux ouvrage pour frapper l'imagination, pour exciter ou pour redoubler la foi politique et religieuse des insurgés, et faire naître ou augmenter les sentiments de vengeance des chouans contre ceux qui les avaient atteints dans les objets si respectables de leur fidélité ou de leur culte. Ce document précieux jette une vive lumière sur la manière dont les chefs de l'armée bretonne inspiraient ou dirigeaient leurs soldats, et nous avons dû, au point de vue de l'histoire, nous y arrêter un peu.

Un almanach républicain (non moins rare est l'almanach publié à Corfou, en l'an VII [1] sous le titre de *Calendrier français-grec*, « Μηνολόγιον γαλλικο-Ελληνικὸν », avec cette explication préliminaire : « Le calendrier républicain est d'autant plus utile qu'il est très simple et que la Nature elle-même en a dicté l'arrangement, le jour où la Convention nationale décréta la République s'étant trouvé celui de l'équinoxe vrai d'automne... Afin de faire comprendre ce calendrier à nos frères du *Levan* (sic), nous avons fait correspondre leur ancien style avec le républicain ; nous avons aussi marqué en grec les fêtes républicaines et les décades, afin qu'avec les autorités constituées ils

---

1. Εἰς Κόρφους ἀπὸ τὴν γενὴς τυπογραφίαν, an VII (département d'Ithaque et de la mer Égée).

consacrent ces jours au repos et que tous, rassemblés fraternellement, nous nous enflammions de plus en plus du feu sacré de la Liberté et du saint amour de l'Égalité, ἵνα ἀνάπτωμεν ἀπὸ τὸ ἱερὸν πῦρ τῆς ἐλευθερίας καὶ ἀπὸ τὴν ἀγάπην τῆς ἰσότητος. Voici les noms des nouveaux mois républicains, dans l'ordre habituel : Vendémiaire, etc. Τρίτηθης, Νεφελώδης, Παγετώδης, Χιονώδης, Ὀμβροφόρος, Ἀνεμώδης, Βλαστώδης, Ἀνθώδης, Λειμωνώδης, Θεριστής, Θερμώδης, Καρποφόρος.

L'almanach se termine par la chanson patriotique : « *Veillons au salut de l'empire!* » et le refrain : « *Les hommes libres sont Français!...*

Nous ne rencontrerons plus maintenant d'almanachs qui répondent aux attaques des contre-révolutionnaires. Aussi, devant l'inertie ou le silence de leurs adversaires, les royalistes redoublent d'audace. Ils font paraître, en 1796, chez tous les libraires de Paris, l'*Almanach des vrais royalistes français*, avec ce sous-titre : « Deuxième année du règne de Louis XVIII », et cette épigraphe : « Une foi, une loi, un roi ! » En 1797, ils publient les « Adieux de Marie-Thérèse-Charlotte de Bourbon [1] », fille de Louis XVI, avec la description de sa prison, l'histoire des négociations

---

1. Bâle, 1796, in-18.

relatives à l'échange de cette illustre captive, et le récit de son départ. A ces détails s'ajoutent des romances touchantes intitulées : *Les Soupirs d'une jeune prisonnière* et *les Plaintes d'une jeune infortunée*. Après avoir attiré l'attention publique sur la famille royale, ils cherchent à discréditer les nouvelles institutions. Celui-ci, dans un autre Almanach des gens de bien [1], se moque ouvertement, en 1797, du conseil des Cinq-Cents, par une chanson sur « le marchand de bois des Tuileries ». Nous n'en donnerons qu'un couplet assez mordant :

>On dit que dans les Tuileries
>Est un chantier fort apparent,
>Où cinq cents bûches bien choisies
>Sont à livrer en ce moment.
>Le vendeur dit à qui l'aborde :
>« Cinq cents bûches pour un louis,
>Mais, bien entendu, mes amis,
>Qu'on ne les livre qu'à la corde !... »

Celui-là raconte les principaux événements écoulés depuis huit ans et se complaît au récit des noyades, des fusillades, des massacres de tout genre. Il a soin d'intituler son almanach *Souvenez-vous-en, ou Étrennes de Madagascar* pour

---

[1]. Paris, 1797, in-18.

l'année 1798 [1], et le dédie ainsi aux Français : « Peuple innocent, il te faut des almanachs ? Eh bien, lis... Celui que je t'offre est écrit avec ton sang. » Un autre, A.-F. Denis, sous ce titre alléchant : *les Vautours du dix-huitième siècle, ou les Crésus modernes au tribunal de l'opinion publique* [2], stigmatise les agioteurs et prédit à la république du Directoire une chute prochaine.

Il suppose que le peuple demande le retour de l'abondance et de la paix, et lui fait répondre par le Directoire :

> Tu vois que le Sénat s'applique
> A te rendre content, joyeux ;
> Il t'a donné la République,
> Que diable veux-tu donc de mieux ?
> Chaque fête, en réjouissance,
> Dans la crotte tu danseras,
> Mais pour la paix et l'abondance
> Ça n'se peut pas ! (*Bis.*)

Un autre adresse les *Étrennes du peuple* au Directoire et à l'ami Cochon, avec force invectives [3] ; un autre, enfin, publie les *Nouvelles Étrennes véritables des honnêtes gens* [4], contenant

---
1. 1798, in-18.
2. Paris, 1798, in-18.
3. Paris, 1797, in-18.
4. Londres et Paris, 1797, in-18.

l'histoire des sept cent cinquante souverains en prose et en chansons. Nous y trouvons, après un état de la France en 1797, la légende « de nos augustes représentants, mise en chanson, qui va très bien sur l'air des *Pendus* ». La voici en entier :

1

Or écoutez, petits et grands,
L'histoire des représentans
Qui, pour nous ramener en France
Les bonnes mœurs et l'abondance,
Nous ont si bien constitués,
Tués, tués, tués, tués !

2

D'abord on sait qu'ils sont venus
Des départemens presque nuds
Et que, par des décrets d'urgence,
Au secours de leur indigence,
Le peuple ils ont vite appelé,
Pelé, pelé, pelé, pelé !

3

La bourse et l'estomac garnis,
Nos généreux pères conscrits,
Contens de voir que leurs journées
Leur sont si grassement payées,
Nos affaires ont débrouillées,
Brouillé, brouillé, brouillé, brouillé.

4

Fiez-vous, ont dit ces Solons,
A nos bonnes intentions;
Pour prendre soin de la finance
Dès ce moment en permanence
Volontiers nous nous déclarons:
Larrons, larrons, larrons, larrons.

5

N'ont-ils pas fait tous le métier
De changer notre or en papier?
Par grâce, avec nos sous de cloches,
Ils veulent bien lester nos poches...
Pour des gueux c'est fort attirant,
Tirans, tirans, tirans, tirans!

6

Veut-on se trouver au sabbat,
Il faut entendre leur débat;
A force de faire tapage.
Ils se fatiguent l'œsophage
Au point d'être tous enroués,
Roués, roués, roués, roués.

7

Guerre au dedans, guerre au dehors,
Tel est le jeu de leurs ressors.
La France, à qui je les dénonce,
Contre leur pouvoir se prononce
Et veut qu'ils soient tous suspendus,
Pendus, pendus, pendus, pendus.

8

Nous apprenons à nos dépens,
Sur le fait des gouvernemens,
Qu'il fallait s'en tenir au nôtre
Plutôt que d'en chercher un autre,
Pour être si fort gaspillés,
Pillés, pillés, pillés, pillés.

9

Le mal est fait, n'en parlons plus,
Tous nos regrets sont superflus...
Opposons au philosophisme
La douceur du christianisme,
Et prions pour les trépassés,
Passés, passés, passés, passés !...

Aussi à de telles satires, à de telles menaces, répond le coup d'État du 18 fructidor. Les almanachs, qui osent donner un précis historique sur cette journée, font des allusions déguisées à la tyrannie du gouvernement. Le premier, qui s'appelle l'*Almanach Violet*[1], suppose un dialogue entre Robespierre et Cromwell, où le dictateur anglais dit à l'ancien maître de la Convention : « Cours rejoindre Marat, Carrier, Joseph Le Bon. Ta place est pour une éternité parmi les monstres

---

1. Paris, 1798, in-18.

de cette espèce ! » L'abbé Aimé Guillon de Montléon, le même qui écrivit l'histoire du siège de Lyon, publie une pièce historique sur les causes, les manœuvres et les résultats du 18 fructidor, avec ce titre : *Étrennes aux amis du Dix-huit*[1] ! Il la dédie à Polichinelle, « directeur des Marionnettes, s'entend, car on sait bien qu'il n'y a pas plus de Polichinelle que de Scapin ni de Paillasse... au directoire de la République. »

La gravure placée en tête de cet almanach représentait un polichinelle costumé en directeur. Cette insolente caricature et les appréciations mordantes de l'almanach sur le gouvernement firent arrêter l'abbé Guillon. Il fut traduit devant la police criminelle et faillit être condamné à mort pour avoir publié un écrit contre-révolutionnaire. Il n'échappa à la colère de La Réveillère-Lépeaux que pour subir la vengeance de Fouché. Il fut, pendant de nombreuses années, enfermé dans une forteresse au pied des Alpes, ayant eu le tort de dire ouvertement ce qu'il pensait[2].

Mais quelqu'un dont ni Denis, ni Guillon, ni d'autres n'osent encore se railler, c'est le général

---

1. Paris, an VII, in-18.
2. Voy. notre ouvrage sur *la Censure sous le premier Empire*, pages 134 et 376.

Bonaparte. Son étoile point à l'horizon, et c'est un auteur d'almanachs qui appelle gravement le futur empereur le favori de Mars et de Vénus !

A peine la Constitution du 18 brumaire an VIII est-elle proclamée, que le courtisan Villiers la met en vaudevilles[1] et la dédie galamment à Mme Buonaparte, née Beauharnais, avec ces vers :

> On peut la chanter sans la lire ;
> Puisse-t-elle vous récréer,
> Madame, et vous faire autant rire
> Que les autres ont fait pleurer !

Villiers a eu soin de placer en tête de son opuscule une femme portant précieusement la nouvelle Constitution dans un ridicule et foulant aux pieds les Constitutions de 1791, de 1793 et de l'an III. Les éloges, les flatteries commencent à pleuvoir déjà sur le premier Consul. On célèbre son pouvoir et l'on dit de Cambacérès et de Lebrun :

> Les autres consuls ont le titre
> Qu'ont les avocats consultants...
> De plus, ils signent un registre
> Pour prouver qu'ils étoient présents !...

L'auteur de l'*Almanach des honnêtes gens* de

---

1. *La Constitution en vaudevilles*, an VIII, in-32.

l'an VIII, qui signe « un déporté », et qui date son opuscule de Cayenne[1], essaye de railler les démagogues devenus courtisans de Bonaparte, en leur prêtant ces aveux :

> Je ne suis point né délicat,
> J'ai l'âme sordide et commune,
> J'ai trompé le peuple et l'État
> Pour accélérer ma fortune.

Il fait chanter à François de Neufchâteau et à Scherer une sorte d'invitation aux citoyens, pour les engager à payer leurs contributions.

> Des financiers que nous avons
> Fort librement nous disposons,
> Autant pour nous que pour les nôtres.
> Si nous sommes les gouvernans,
> Ne devons-nous pas en tous tems
> Nous préférer à tous les autres?...

Ces railleries disparaissent devant *les Étrennes de Bonaparte aux Français*[2], almanach dont le frontispice montre la France foudroyant de ses carreaux le sceptre et la tiare et tenant à la main le bonnet rouge planté sur un faisceau où figure le mot : Union. On lit ces vers au bas de la gravure :

> Le peuple par ses rois fut longtemps abusé ;
> Il terrassa l'erreur, le sceptre fut brisé.

---

1. A la Cayenne et à Paris, an VIII, in-18.
2. Paris, chez Marchant, an VIII, in-18.

Mais, ce que n'avoue pas l'auteur, le sabre a remplacé le sceptre, et un premier consul le roi. On verra bientôt quelles seront les étrennes de Bonaparte aux Français, et le bonnet rouge ira rejoindre les guenilles jacobines. Tout l'attirail du nouveau gouvernement : Ministères, Conseil d'État, Sénat conservateur, Corps législatif, Tribunat, est étalé avec complaisance dans cet opuscule qui a la prétention naïve d'être républicain.

C'est en vain que les royalistes répandent çà et là leurs *Almanachs de l'Armée royale* [1] et des *Mécontents armés pour le Roi* [2], leur propagande est aussitôt arrêtée.

L'*Almanach du XIXe siècle* [3] clôt la série des almanachs de la Révolution, en annonçant la vente par licitation, « après le décès du gouvernement révolutionnaire, de 75,000 quintaux de lois provenant des archives des comités de Salut public, de Sûreté générale et des bureaux du Directoire, de la Marine, des Colonies, de la Police et des Finances. Messieurs les épiciers et apothicaires sont avertis que, déduction faite de la poussière, les susdites lois, rapports, instructions, discours,

---

1. An VIII, in-18.
2. An VIII, in-18.
3. An IX, in-18.

peuvent être vendus de gré à gré, et à prix fixe, à raison de 25 centimes le quintal, poids de marc et tare nette... » C'est le dernier almanach politique. Le moment est arrivé où la censure consulaire va mettre despotiquement fin à toutes les manifestations de l'opinion, qu'elles proviennent des journaux, des livres ou des almanachs.

DEUXIÈME PARTIE

LES ALMANACHS LITTÉRAIRES

LITTÉRAIRES!... voilà une dénomination bien osée pour des almanachs de l'époque révolutionnaire! C'est cependant la seule qui puisse rendre notre pensée, quand nous voulons séparer des almanachs qui précèdent ceux que nous allons analyser. Les plus connus sont: l'*Almanach littéraire*, l'*Almanach des Muses*, l'*Almanach des Grâces* et l'*Almanach des spectacles*.

D'Aquin de Château-Lyon, fils de l'organiste d'Aquin, avait écrit des lettres sur les hommes célèbres du règne de Louis XV et des opuscules sur des poètes inconnus, avant d'entreprendre, en

1777, l'*Almanach littéraire ou Étrennes d'Apollon*[1], lequel devait avoir une existence de dix-sept années. Ce médiocre auteur, dont les œuvres lui méritèrent cette vive épigramme :

> On souffla pour le père, on siffla pour le fils!

signa d'abord d'Aquin de Château-Lyon, puis d'Aquin, cousin de Rabelais, puis d'Aquin tout court, enfin Rabelais d'Aquin. Ce dernier surnom inspira à J.-H. Meister les lignes suivantes : « Le citoyen Daquin a cru devoir, à l'exemple du citoyen Dorat-Cubières, changer son nom patronymique et prendre celui de Rabelais. Nous ne voyons pas trop quel rapport il peut y avoir entre Rabelais, curé de Meudon, et M. Daquin, rédacteur d'almanachs ; entre Gargantua, Pantagruel, et le recueil de quelques petites anecdotes, de quelques petites pièces fugitives qui souvent n'ont pu trouver place dans l'*Almanach des Muses*[2]. » D'Aquin et son recueil reçurent une autre volée de bois vert, que leur appliqua le plus brillant des écrivains de la fin du XVIIIe siècle, comme le définit si bien M. de Lescure dans son bel ouvrage sur Rivarol[3]. « Tout le monde, écrit

---

1. Paris, in-18, chez la veuve Duchesne.
2. Voy. *Correspondance de Grimm*, tome XVI.
3. Chez Plon, 1883, in-8º.

le satiriste de *l'Almanach des grands hommes*, connaît un recueil charmant, intitulé : *l'Almanach littéraire ou Étrennes d'Apollon*. Ce sont de ces livres qui, à la longue, donnent à la France une supériorité décidée sur tous ses voisins. M. de Château-Lyon y glisse parfois de ses vers, quand il n'est pas content de sa récolte... Quand nous aurions cent bouches et cent voix, nous ne pourrions compter tous les services que cet honnête citoyen rédacteur, poète, prosateur et médecin, a rendus aux corps et aux esprits de la capitale, et la foule de noms que son recueil a sauvés de l'oubli !... »

D'Aquin eut beau s'appeler Rabelais, ce nom célèbre n'augmenta ni la valeur de ses productions ni le mérite de son almanach. On y trouve cependant, çà et là, quelques traits piquants, qui méritent d'être relevés. Toutefois, malgré l'affirmation de M. Eugène Maron, qui prétend que l'esprit de l'époque avait *sérieusement* agi sur les poètes fournisseurs des almanachs et s'appuie sur ce passage du *Journal de Paris :* « L'influence des événements politiques sur les arts, et particulièrement sur la poésie, pourroit donner lieu à d'intéressantes observations : en se bornant à ce qui concerne l'almanach, on peut remarquer que les pièces où dominoit ce qu'on appeloit autrefois le ton du jour, y sont moins nombreuses depuis deux ou trois ans, que l'on n'y voit presque plus de pièces de persiflage, que le ton général est plus franc et plus libre... » Nous ne remarquons rien, par exemple, dans l'*Almanach littéraire*, qui corrobore cette affirmation et qui prouve que le ton en soit plus élevé. Ce sont tout au plus de petites observations légères, futiles, mondaines, précieuses, qu'on découvre dans cet opuscule. C'est ainsi qu'un poète parle en termes galants d'une belle à sa toilette de nuit : « Sa toilette s'achève. Rubans et lacets de sauter. Bientôt dégagée de tout lien et de toute entrave, elle espère livrer ses appas à Morphée. L'Amour n'en avait pas ainsi décidé. Respectons ses arrêts... » Manuel envoie à Mlle de X... la pièce suivante, intitulée : *les Boutons de rose...*

> Reçois sans t'alarmer cette modeste rose,
> Qui, belle comme toi, n'a point de rejetons,
> L'Amour, qui soigne tout quand il fait quelque chose,
> Pour achever ton sein, lui vola ses boutons.

Les rimeurs de l'*Almanach littéraire* chantent les femmes, « ce sexe enchanteur, né pour le bonheur de la moitié du nôtre et pour le tourment du reste » ; ils leur enseignent une manière agréable d'arranger leurs fichus, afin « de ne pas voiler les trésors de la nature »; ils écrivent des épîtres sur le sentiment, sur l'Amour tel qu'il est, l'Amour et l'Hymen, l'Amour délicat, le portrait de Glycère, les avantages de la constance et les charmes de Sophie. La gravure qui orne le frontispice de l'*Almanach littéraire* de 1793, représente l'Amour avec une carmagnole, le carquois sur l'épaule, les jambes nues, et disant à une jeune beauté, à laquelle il montre la Nature sous la forme d'une femme à *neuf* mamelles :

>Ne prends plus tes leçons de l'Art,
>Ne les prends que de la Nature !

Le petit Cupidon, le petit dieu folâtre, l'espiègle enfant de Vénus, fait les frais de l'*Almanach littéraire*. Ici, c'est le critique du salon de 1791 qui s'écrie : « L'Amour est le sentiment des Arts, voilà mes guides, voilà le maître dont j'écoute les leçons. N'est-ce pas un véritable magnétisme qui vous appelle et qui fixe vos regards sur la *Bergère prête à se baigner*. Que d'esprit dans cette expression qui montre à la fois le saisissement de l'onde et l'embarras virginal d'être aperçue ! Quelle grâce ! quelle pudeur dans ce joli visage !... etc. » Là, — c'est en 1793, — le même almanach chante la *Clef d'amour*, *Écho et Narcisse*, l'*Amante abandonnée*. Le citoyen Pasquet fait dire à une pauvre femme, dont les Grâces ont dénoué la ceinture :

« C'en est donc fait, Dorval n'est qu'un parjure,
L'Amour l'enchaîne en de nouveaux climats ;
Il reste sourd au cri de la Nature,
Quand son enfant l'appelle dans mes bras ! »

Un inconnu écrit une nouvelle émouvante : *l'Assassin par amour*. « Amour ! amour ! passion délicieuse et cruelle, toi sans qui l'existence n'est rien, toi par qui l'existence est empoisonnée, que ta puissance est dangereuse ! que tu sais faire aisément un scélérat d'un honnête homme ! Oh ! que tes flammes sont douces ! mais que tes conseils sont perfides ! Heureux qui peut s'arracher de tes bras caressans, avant d'avoir offensé la vertu, ou fait gémir la Raison !... » Le citoyen Boutillier adresse d'aimables couplets à une demoiselle nommée Constance. Nous ne citerons que le premier :

AIR : *Non, non, Doris, ne pense pas.*

Comme un autre, dans mes amours,
Je parlois beaucoup de Constance ;
Sans la connoître en rien, toujours
J'allois citant, prônant Constance.
Aujourd'hui que je la connois,
Je peux bien vanter ma Constance,
Car ne veux plus aimer jamais,
S'il faut que j'aime sans constance !... (*Bis.*)

M. de Miramond envoie ces vers galants à une sœur nouvellement admise dans la franc-maçonnerie :

AIR : *Que ne suis-je la fougère !*

Un bandeau sur ta paupière
Te fit prendre pour l'Amour ;
Mais l'on reconnut sa mère
Dès qu'on t'eut rendu le jour.
Lorsque nos pointes cruelles
Te causèrent tant d'effroi,
Que n'as-tu vu toutes celles
Que ton fils tendoit pour toi ?

Le citoyen Gaudbert compose des *Regrets d'amour*, et le citoyen Bret écrit à sa Sophie :

Pour rajeunir le vieil Éson
Médée employa la magie ;
C'est que l'épouse de Jason
N'avoit pas les yeux de Sophie !

On voit qu'on était galant, amoureux et gai en 1793.

Les anecdotes de l'*Almanach littéraire* sont assez plaisantes. Nous en citerons quelques-unes des moins connues :

— Un de nos ministres des finances ayant fait donner une déclaration qui alarmoit le clergé, l'abbé D... fut un de ceux qui s'en plaignirent le plus vivement. « Vous sonnez le tocsin ? lui dit le ministre. — En êtes-vous surpris, quand vous avez mis le feu partout? »

— Au sortir de la séance de l'Assemblée nationale du 2 novembre 1789, séance où les biens du clergé avoient été mis à la disposition de la nation, un prélat à qui des pauvres demandoient l'aumône répondit en montrant ses poches vides: « Il ne me reste plus rien. J'ai tout laissé là dedans. »

— Quelques jours après la prise de la Bastille, M. Lemierre rencontre un de ses amis qui lui dit: « A quand une nouvelle tragédie? — Y pensez-vous? répond le poète. La tragédie à présent court les rues. »

— Le jour que les titres furent détruits, M. de Savines, évêque de Viviers, plaça un tronc dans son salon. « Que voulez-vous en faire? lui dit un ami. — C'est pour y recevoir douze sols d'amende de tous ceux qui m'appelleront monseigneur. »

— Mirabeau l'aîné, étant allé voir son frère, que de trop fréquens sacrifices à Bacchus retenoient dans son lit, lui dit: « Est-il possible, mon frère, que vous ne rougissiez point d'un vice aussi crapuleux? — Parbleu, mon frère, répondit le malade, c'est le seul que vous m'ayez laissé ! »

— Un jour qu'on crioit à l'Opéra, plus haut qu'à l'ordinaire, le *Réveil du peuple,* un plaisant se lève et dit: « Ne l'éveillez pas. Qui dort dîne. »

— Un ami des bonnes mœurs, voyant la facilité avec laquelle on abusoit de la loi du divorce, appeloit le divorce: le sacrement de l'adultère.

— Un rentier que la voiture d'un fournisseur venoit d'éclabousser s'écrioit : « Comment ces gens-là vont-ils si vite ? — Ils volent », dit un passant.

La seule influence des événements politiques sur l'*Almanach littéraire* se constate par des insultes aux moines, « qui jouent dans l'église le rôle des rats dans l'Arche », et par un mot peu spirituel de Vaucanson, qui, fabriquant des prêtres automates, se serait écrié : « Hélas ! combien il en a coûté aux hommes de n'avoir pas de prêtres de cette nature ! » Voilà ce que le *Journal de Paris* appelait un ton plus franc et plus libre !...

Nous trouvons encore dans l'*Almanach littéraire* quelques détails sur la prise de la Bastille, lesquels méritent d'être signalés : « On a aperçu parmi les assiégeans une fort jolie femme se distinguer au siège de la Bastille. Elle voyait son amant prêt à partir pour cette périlleuse expédition. Le jeune homme se débarrasse de ses liens chéris. Il s'arme d'un fusil, de deux pistolets et d'une épée !... « Tu voles à la gloire, malgré moi ?... dit l'in- « trépide Parisienne. Eh bien ! ne crois pas y « aller sans moi !... » A ces mots, elle quitte les habits de son sexe, se déguise en homme, s'arme à son tour, va combattre, participe à la victoire par ses exploits et revient couverte de lauriers et d'honorables blessures !... » — « On a vu une femme,

continue le même almanach, se saisir du fusil de son mari, pendant le siège de la Bastille et monter la garde à sa place, pendant qu'il risquoit sa vie... O courageuse Jeanne d'Arc ! O immortelle Jeanne Hachette ! avez-vous montré plus de grandeur d'âme, de courage et de patriotisme ?... »
On ne dira pas que le rédacteur a ménagé les éloges aux héroïnes de la Bastille.

C'est encore dans l'*Almanach littéraire* de 1791, que l'on trouve ces vers de Caron de Beaumarchais, placés dans l'endroit le plus solitaire des jardins de sa retraite, située boulevard de la Porte Saint-Antoine :

> Adieu, passé, songe rapide
> Qu'anéantit chaque matin !
> Adieu, longue ivresse homicide
> Des Amours et de leur festin !
> Quel que soit l'aveugle qui guide
> Ce monde, vieillard enfantin,
> Adieu, grands mots remplis de vide,
> Hasard, Providence ou Destin !
> Fatigué, dans ma course aride,
> De gravir contre l'incertain,
> Désabusé comme Candide
> Et plus tolérant que Martin,
> Cet asile est ma Propontide,
>   J'y cultive mon jardin.

On ne pouvait guère attendre de ce sceptique acharné une profession de foi à la Providence ;

cependant il est permis de s'étonner que certaines déclarations de Beaumarchais soient en contradiction formelle avec ces allusions aux *grands mots remplis de vuide*... Mais à quoi bon chercher la persévérance et l'uniformité dans les idées d'un homme qui avait passé sa vie à se moquer des autres et de lui-même ?

L'*Almanach littéraire* de 1792 nous restitue les vers suivants du poème des *Mois*, de Roucher, jadis supprimés par la censure :

> Que dis-je ? O de mon siècle éternelle infamie !
> L'hydre du fanatisme, à regret endormie,
> Quand Voltaire n'est plus, s'éveille et, lâchement,
> A ses restes sacrés refuse un monument !

Voltaire avait dit, en 1764, à M. de Chauvelin : « Les jeunes gens qui me succéderont seront bien heureux ; ils verront de belles choses ! » Ce mot avait été fort applaudi. Roucher, qui rendait hommage au courtisan de Frédéric, pensait-il qu'en fait de belles choses, il monterait un jour avec André Chénier sur l'échafaud, victime d'un fanatisme politique plus cruel que le fanatisme religieux ?...

Mirabeau est moins bien traité que Voltaire, et l'*Almanach littéraire* demande qu'on exile ses mânes coupables du Panthéon, qu'ils ont souillé... Mais, désireux de glorifier tous les grands hommes sans exception, le même almanach ne veut pas laisser perdre un discours du citoyen Chaumette, président de la Commune. Nous nous reprocherions, nous aussi, de ne pas en citer au moins une ou deux phrases : « Jeunes époux qu'un tendre engagement a déjà unis, c'est sur les autels de la Liberté que se rallument pour vous les flambeaux de l'Hymen. Le mariage n'est plus un joug, une chaîne; il n'est plus que ce qu'il doit être : l'accomplissement des grands desseins de la nature, l'acquit d'une dette agréable que doit tout citoyen à la patrie... » Il est assez amusant de voir pontifier cet original, qui avait substitué le nom d'Anaxagoras, « saint pendu pour son républicanisme », à ses prénoms de Pierre-Gaspard. Le peuple, qui se piquait peu d'exactitude, l'appelait tout simplement *Lanaxagoras*. Ce président de la Commune, qui donnait de si sérieux conseils aux jeunes époux, n'était guère sobre, si l'on en juge par l'extrait curieux d'une lettre de l'observateur Dutard au ministre Garat, en date du 9 mai 1793 : « Il est des choses extrêmement basses avec lesquelles il faut presque s'identifier pour les sentir et les connaître. Un rot de l'ivrogne Anaxagoras m'a porté à mille réflexions morales... » C'est le même Chaumette qui, dans un autre discours à plusieurs époux, leur parlait ainsi du divorce :

Citoyens et Citoyennes,

Vous nous prouvez aujourd'hui que la liberté reposera chez nous sur des bases éternelles : déjà le règne des mœurs commence. Il était réservé au divorce de rajeunir d'anciennes alliances et de remplacer par des charmes inconnus jusqu'alors les dégoûts et la fatigue inséparables d'un lien indissoluble. La facilité d'une rupture rassure les âmes timides. Rien ne coûte plus que ce que l'on fait par contrainte, et le plaisir même est à charge, lorsqu'il devient un devoir. Le divorce est le dieu tutélaire de l'hyménée !...

Avant de prendre le nom de Rabelais, d'Aquin nous a vanté, à plusieurs reprises, dans l'*Almanach littéraire*, la bonté de Louis XVI, « excellent et vertueux monarque ». Aussi, pour faire oublier, en 1793, ce juste hommage, Rabelais d'Aquin a eu soin de prévenir ses lecteurs que le plus pur patriotisme animait et animerait toujours son auteur. C'est, en résumé, un pauvre caractère que cet écrivain : la médiocrité de son talent égale la médiocrité de son courage. Meister a bien apprécié l'*Almanach littéraire* en quelques lignes : « C'est toujours le même mélange de prose et de vers, d'anecdotes anciennes et nouvelles, de mots plus ou moins connus, de pièces fugitives d'un choix plus ou moins heureux ; à côté d'un vieux madrigal ou d'un trait de la cour de Louis XV, on trouve un discours aux représentants de la nation, un conte érotique, une harangue municipale, etc. [1].

Le *Journal de Paris* constatait que l'esprit du siècle avait agi sur les almanachs : Charles Nodier remarque le contraire, au moins sur l'*Almanach des Muses* [2]. « C'est en 1793, écrit-il, le plus innocent de tous les almanachs des Muses passés et à venir, et on ne peut pas dire davantage. Mettez-y un peu plus de talent qu'il n'y en avait alors en circulation, et je le tiendrai pour classique. Le vieux Parnasse des païens soutint dignement la concurrence de la Montagne. » La correspondance de Grimm dit à ce sujet : « Cet almanach n'est pas aussi riche que celui des années précédentes. Hélas! les Muses se cachent et se taisent pendant les révolutions. Clio seule les anime, parce qu'elles lui fournissent de grands tableaux qu'elle peint d'une manière plus large et plus avantageuse. Ce recueil, cependant, offre encore quelques jolies pièces fugitives de MM. de Boufflers, Florian, Ducis, La Harpe, Fontanes, Charlemagne, etc.

---

1. *Correspondance de Grimm*, tome XVI.
2. Chez Delalain, 1765 à 1827, in-12 et in-18.

Le reste du volume est rempli des productions de plusieurs poëtes fort obscurs ou presque inconnus, et nous ne pensons pas que les vers qu'ils y ont enterrés leur méritent l'immortalité [1]. » Les principaux écrivains de cet almanach, fondé en 1765, étaient Aignan, Andrieux, de Beauharnais, Berchoux, Bernardin de Saint-Pierre, Berquin, de Boisjolin, Boufflers, Campenon, Carnot, Charlemagne, M.-J. Chénier, Cerutti, Collin d'Harleville, Cubières, Damas, Demoustier, Ducis, Ducray-Duminil, de Flins, Florian, François de Neufchâteau, Ginguené, Guyétant, Guichard, Hoffman, le cousin Jacques, La Harpe, Legouvé, Ménard, Pons de Verdun, Sade, Vigée et Ximenez. Plusieurs femmes y collaboraient aussi; entre autres, la baronne de Bourdic et la citoyenne Constance Pipelet, comtesse de Salm.

Les vers dominent naturellement dans cet almanach, les vers galants surtout. Ce ne sont que stances, couplets, hymnes, odes, élégies, dithyrambes, madrigaux adressés à des belles que l'on nomme, dans le précieux et ridicule langage du temps, Lydie, Glycère, Nina, Delphire, Flore, Zoé, Cinthie, Zelmis, Zélis, Zelmire, Zulma, Thémire, Zyrphé, Daphné, Délie, Eglé, Nicé,

---

1. Grimm, tome XVI.

Anastasie. C'est le sage M. de Fontanes qui ouvre le feu en faveur de la charmante actrice Desgarcins.

> Oui, l'amour veut que je te chante;
> Le premier, j'ai senti le charme de tes pleurs,
> De ta jeunesse en deuil et de ta voix touchante
> Et de tes naïves douleurs.

Le sévère Carnot, qui va organiser la victoire et prendre part aux décisions du Comité de Salut public, console une Sophie abandonnée et publie la *Revue des amours,* sur l'air : *En jupon court, en blanc corset.* Il nous dépeint l'amour fidèle l'amour papillon, l'amour bigot, l'amour physique, l'amour platonique :

> Paraît enfin l'amour sincère,
> Qui me décoche un trait vainqueur...
> Je m'éveille en nommant Glycère.
> Mais le trait reste dans mon cœur.

Il compose aussi un dialogue burlesque entre Mme Fagotin et M. Barbichon, dans le genre de M. et Mme Denis. Cubières, dont nous avons déjà parlé, se souvenant qu'il a été écuyer de la comtesse d'Artois, regrette le :

> Temps heureux où régnaient Louis et Pompadour !

Un autre galantin écrit à une dame, qui lui avait envoyé un baiser dans une lettre :

Votre chimérique faveur
Me laisse froid comme du marbre,
Et ce fruit n'a point de saveur
Quand il n'est pas cueilli sur l'arbre.

Celui-ci compose l'épître de *l'Enfant de l'Amour à l'Enfant de l'Hymen*, celui-là le *Baiser de charité* et le *Dépit d'un amant*. Ce ne sont que des : *Apprenez mon secret*, des *Invocations à l'amour*, des *Bouquets aux muscadins et aux vaporeux* [1], des *Cantiques à Vénus*, des *Épîtres à Zelmire*, des *Confidences à Dorval*, des *Méprises de l'amour*, des *Soirées amoureuses* où les poètes invitent les galants zéphyrs à rafraîchir le sein de leurs bergères, etc. Cette littérature fugitive s'incarne, comme le dit Nodier, dans la personne de Pons de Verdun [2], « homme habile à formuler une historiette obscène ou une mordante épigramme dans un huitain ou un dizain bien tournés. C'était certainement, de tous nos législateurs, celui qui rimait le plus richement, et on ne peut lui contester sous ce rapport quelques avantages sur Robespierre, dont les madrigaux à la reine, tout parfumés d'ailleurs de fleurs mythologiques, laissent

---

1. Les *crevés*, les *boudinés*, les *gommeux*, les *poisseux*, les *pschutteux* de ce temps-là. Mais on était plus poli en 1795.
2. Rivarol l'appelait Hercule littéraire, pour n'avoir pas craint de signer environ 10,000 épigrammes ou contes en vers.

la victoire presque incertaine entre Fouquier-Tinville et lui... »

Le chevalier de La P... luttait d'esprit avec Pons pour l'épigramme. En voici une dirigée contre un jeune homme qui se fit comédien, après avoir longtemps blâmé les spectacles :

> Damon contre la comédie,
> Comme le doit tout bon chrétien,
> Déclamoit avec énergie ;
> Mais, voyant qu'il ne gagnoit rien
> Sur notre esprit opiniâtre,
> Il a pris un plus sûr moyen
> De nous dégoûter du théâtre.

Le spirituel Marchant se moque ainsi de *Tarare*, opéra amphigourique de Beaumarchais :

> Mais du dernier des opéras
> Veux-tu savoir ce que je pense ?
> Belle Charlotte, patience !
> Dans un moment tu le sauras.
> Depuis quelques jours, à Paris,
> Un monstre, enfant de la folie,
> Fait au temple de l'Harmonie
> Courir les badauds ébahis.
> Cette merveille, c'est *Tarare*,
> Chaos informe, œuvre bizarre
> De la musique, du fracas,
> Des machines et des combats,
> Et le soleil de la nature,
> Lourdement chargé de dorure,
> Qui, dans un très long entretien,

> Parlant beaucoup, ne disent rien ;
> Un prêtre, un héros imbécile,
> Un temple, un sérail, un jardin,
> Un être aux femmes inutile,
> Une bégueule, une catin,
> Un enfant, un jargon barbare,
> En quatre mots, voilà *Tarare*.

Ceux qui, comme nous, ont analysé et étudié cet opéra, reconnaîtront que jamais critique ne fut plus juste ni plus mordante.

Pons de Verdun nous offre des vers qui, vu leur ressemblance avec une prose vulgaire, réussiraient assez de notre temps. Qu'on en juge :

> Monsieur Grognard entre, l'hiver passé,
> Dans un café : « Garçon, vite une tasse
> De chocolat. Versez ! » — Il est versé.
> Monsieur Grognard le prend, fait la grimace,
> Vole au comptoir. « Que vous faut-il ? — Dix sous.
> — Sur ce louis, en ce cas, payez-vous !
> — Monsieur, lui dit la maîtresse polie,
> Du chocolat seriez-vous mécontent ?
> Tous ces messieurs le trouvent bon pourtant.
> — Peut-être aussi vous trouvent-ils jolie ?»

Cerutti fait le portrait historique du charlatanisme « dans un moment de franchise », et reproduit des vers que la censure avait interdits en 1784. Les voici :

> J'ai plus d'un fauteuil en Sorbonne,
> Plus d'une chaire à l'Université,

Mais ma première place est dans la Faculté,
Et ma seconde auprès du Trône.

Cerutti déclare que cette pièce est du nombre de celles que le charlatanisme lui-même empêchait souvent de glisser dans ce recueil, et il promet de réparer de temps en temps ces sortes d'omissions. Nous avouons ne pas comprendre les raisons de la censure contre un quatrain aussi inoffensif. Décidément les censeurs ont eu de tout temps le cerveau fait d'une façon différente de celui des autres hommes.

L'*Almanach des Muses* attribue au grave Sieyès cette lourde épigramme sur la réduction des pensions :

« Quelle lésine désastreuse !
De la cour, par intrigue, au moins on obtenoit.
— Je le crois bien : elle étoit généreuse.
Ce n'étoit pas son bien qu'elle donnoit. »

Charlemagne ridiculise assez spirituellement la manie qui consistait à prendre des noms nouveaux :

Allons, bravo ! point de scrupule !
Débaptisons-nous, mes amis ;
S'appeler Jean, Jacque ou Denis,
Tenez, rien n'est plus ridicule !
Fi donc ! des saints du Paradis,
Cela sent trop le vieux régime.

Ils furent trop prônés jadis
Pour avoir droit à notre estime.
. . . .
. . . .
Vive la moderne méthode,
Les noms romains, les noms en *us !*
Appelons-nous Quintus, Sextus ;
Pour être encor mieux à la mode,
Prenons pour patron saint Brutus !
Chénier s'appellera Voltaire,
Fauchet l'évêque Massillon,
D'Églantine sera Molière,
Et Robespierre Cicéron !

Un couplet joyeux raille Crébillon fils, qui s'était indigné du mauvais accueil fait à une tragédie de son père :

Il fait grand bruit parce qu'on a
A tous les vers de son papa
Préféré Racine et Voltaire !
    Laire la,
  Laire lan laire !

Après les épigrammes viennent quelques pièces politiques, d'un genre pompeux qui ferait pouffer de rire l'homme le plus grave. Ici, c'est Ginguené qui fait hommage d'une ode aux états généraux. Nous ne citerons que quatre vers de la seizième strophe :

Venez au soc patriotique
Unir le glaive et l'encensoir,

> Et former un pouvoir unique
> Des nœuds de ce triple pouvoir !

Et le bon Ginguené fait l'éloge du Roi, de ses sages ministres et du *Cygne du lac genevois*, qui va enfin voguer sur des eaux paisibles!... Une note placée au bas de la page a soin de nous apprendre que le cygne, c'est M. Necker.

Lebrun, jaloux des lauriers de M.-J. Chénier, publie un fragment de son poëme sur la *Nature*, dirigé contre Charles IX. Écoutez le poète :

> Vois ce Louvre encor teint d'un massacre odieux,
> La Seine regorgeant de meurtres sous tes yeux,
> Et ce tube enflammé, complice de ta rage,
> Et ton affreux sourire insultant au carnage !

Que dites-vous du *tube enflammé?*... Le doux Lebrun accumule contre Charles IX les épithètes les plus violentes : « Roi bourreau ! — Lâche conspirateur ! — Criminel de lèse-humanité, etc. » Comme contraste, nous trouvons plus loin des vers de Voltaire au roi de Prusse, où le vieillard de Ferney appelle le monarque :

> Protecteur d'Apollon, grand génie et grand roi !...

M.-J. Chénier écrit de son côté un dithyrambe sur l'Assemblée nationale, et dit de Louis XVI, en s'adressant à la France :

Le fils du grand Pépin, roi plus grand que son père,
De tes droits abolis fut le restaurateur.

Le futur grand maître de l'Université et le premier des adulateurs de Napoléon, Fontanes, compose une fable sur l'Aigle et le Rossignol et la termine par cette morale un peu obscure :

Rois, cherchez le talent qui fuit la tyrannie
Dans le sein de l'obscurité.

Ximenez lui-même, le poète galant, chante à sa manière les avantages de la Révolution :

Oh! combien de faiseurs de bouquets inodores,
D'épigrammes sans sel et de vers bien sonores,
Profonds dans l'art subtil de cadencer les mots,
Aux jours de la Raison vont passer pour des sots!

Pieyre adresse ce compliment au buste de Voltaire, lors de la reprise de *Brutus* au Théâtre-Français, le 17 septembre 1790 :

Les beautés de *Brutus,* aujourd'hui mieux senties,
Trouvent enfin leur place au Théâtre-François;
Par un peuple nouveau tu les vois applaudies :
La seule liberté manquoit à tes succès.

L'*Almanach des Muses* de 1793 s'ouvre par l'*Hymne des Marseillois*, dont l'auteur est « M. Rougez, officier du génie ». Ayez donc composé un appel aux armes sublime, pour qu'on écorche ainsi votre nom! Ayez eu la volonté de l'appeler « Chant de guerre de l'armée du Rhin », pour qu'un recueil de flonflons vous le renvoie sous le titre d'*Hymne des Marseillois !* C'est toujours le *sic vos non vobis !...* Dans ce même almanach on apprend aux lecteurs que le couplet des enfants a été ajouté à la Marseillaise à la fête civique du 14 octobre.

Le branle est donné et les poètes chantent à l'envi les nouveaux événements. La politique trouve ici un asile plus favorable que dans l'*Almanach littéraire*. L'un célèbre la suppression des cloîtres ou la superstition abolie, l'autre poursuit les émigrés avec le vers d'Horace :

Quo, quo, scelesti, ruitis !

Celui-ci offre à l'Assemblée une ode à l'Égalité, celui-là adresse ses hommages à la Fédération. Ce ne sont que couplets sur l'autel de la Patrie, les mânes de Lepelletier, la reprise de Toulon, l'Être suprême, la Liberté couronnant Apollon, le 14 Juillet, etc., etc. Le citoyen Sade compose ces vers pour le buste de Marat :

Du vrai républicain unique et chère idole,
De ta perte, Marat, ton image console ;
Qui chérit un grand homme adopte ses vertus,
Les cendres de Scévole ont fait naître un Brutus.

Le dernier détail qu'il importe de relever dans

l'*Almanach des Muses,* mais autrement intéressant que ces vers de mirliton, appartient à l'almanach de l'an IV. On y voit paraître le poème de la *Jeune Captive* d'André Chénier, qui avait passé inaperçu dans la *Décade philosophique* du 20 nivôse an III. On se sent enfin devant un vrai poète, quand on lit ces adorables vers :

> L'épi naissant mûrit, de la faux respecté,
> Sans crainte du pressoir, le pampre, tout l'été,
>   Boit les doux présents de l'Aurore ;
> Et moi, comme lui belle et jeune comme lui,
> Quoi que l'heure présente ait de trouble et d'ennui,
>   Je ne veux point mourir encore.

Cette jeune vierge, qui regrette et qui pleure la vie, ces envolées naïves vers l'espérance, ces désirs d'un beau voyage à peine commencé, cette fleur qui veut achever sa journée, ces cris touchants qui ordonnent à la Mort de s'éloigner, ces appels émus à Palès, aux Muses, aux Amours, nous ravissent et nous reposent des fadeurs de l'*Almanach des Muses* et des compositions étranges des Cerutti, des Ximenès et des Cubières.

Place maintenant à l'*Almanach des Grâces*[1], qui tient à accentuer son titre galant en y ajou-

---

1. In-18, chez Cailleau, 1784-1809.

tant ces mots qui promettent : *Étrennes érotiques chantantes!...* L'éditeur avait eu soin de lancer dans les journaux cette réclame affriandante : « Plaire à ce sexe charmant, dont les grâces ingénues savent si bien captiver les cœurs, fut toujours l'ambition de M. Cailleau. Il y est parvenu par le choix sévère de chansons qui, quoique jolies, ne font jamais rougir la pudeur. » Le pauvre Cailleau avait reçu, lui aussi, quelques horions de Rivarol : « M. Cailleau, imprimeur-libraire à Paris, disait le spirituel auteur de l'*Almanach des grands hommes*, n'a point perdu son temps, comme les Estienne, les Plantin et les Elzevirs. On a de lui un recueil de poésies légères, où l'on a surtout remarqué une réponse d'Abailard à Héloïse, qui aurait sans doute délivré cette femme célèbre du fol amour qui la possédoit... »

M. de Sivry était un des poètes galants, choisis par Cailleau. Voici un hommage à la rose :

> Que la rose de Cythère
> S'unisse aux dons de Bacchus !
> Brillez, rose printanière,
> Chère aux Ris, chère à Vénus !
> La Rose est le tendre ouvrage
> De l'Aurore et du Printemps.
> La Rose reçoit l'hommage
> Des autres fleurs des champs.

Les rédacteurs de cet almanach offrent au lecteur des couplets ou des romances sur le salut de l'Amour aux Grâces, le portrait des Grâces, l'Amant délicat, les Reproches amoureux, les Plaintes amoureuses, la Bergère inconstante, l'Amour vengé, le Baptême de l'Amour, les Soupirs de Zélida, etc., etc.

M. Damas, qui, « parti du distique pour arriver à l'épître », ne veut pas faire rougir la pudeur, adresse ce couplet à une jolie crémière :

> Air : *O ma tendre musette !*
>
> Jeune et belle crémière,
> Qui chez nous chaque jour
> Réveilles, la première,
> L'appétit et l'amour,
> Que ce qu'on voit paraître
> Si blanc, si rondelet,
> Fait bien désirer d'être
> Au régime du lait !

On devine les autres couplets.

M. Robert de Gaalon, qui « avait fait sensation dans toute la Normandie par son impromptu à Cypris », appelle les jeunes filles : « charmans tendrons de Cythère ! » M. Bonhomme compose de petits vers sur un repas, où il était placé, — ô tourment ! — entre une brune et une blonde, et il choisit l'air : *Est-il de plus douces odeurs?...* M. Bassignol remercie, par le quatrain suivant, Mlle D... de lui avoir fait présent d'une cocarde de rubans aux couleurs nationales :

> Le rouge annonce mon ardeur,
> Le blanc peint bien ton innocence,
> Et le bleu offre de ton cœur
> Et la tendresse et la constance !

Et M. Bassignol, qui aime l'hiatus, nous avertit en note que le bleu, *couleur du parfait amour*, a été choisi par lui pour rendre ses tendres sentiments.

Une dame P... adresse cet appel passionné à son enfant futur :

> Fruit d'un hymen qu'Amour forma,
> A qui l'Amour donna naissance,
> O toi, cher enfant, qui déjà
> Me fais sentir ton existence ;
> Mes bras pourront donc te presser ;
> Tu vas enfin voir la lumière ;
> Tu vas enfin venir sucer
> Le sein nourricier de ta mère ! (*Bis.*)

Cette romance se chante sur l'air : *Non, non, Doris,* et le dernier couplet, inspiré par les doctrines de Jean-Jacques Rousseau, se termine ainsi :

> Fuyez, fausse maternité,
> Où l'art cherche en vain la nature !

> La source d'un lait acheté
> Pour mon fils n'est pas assez pure. (*Bis.*)

En définitive, l'*Almanach des Grâces* ne comprend que des madrigaux adressés à l'inconstante Éléonore ou à la belle Zyrphé, des stances sur de petits sujets, comme la mort d'un serin, la malheureuse destinée de Rosalie, le sort douloureux de Blainval et Zélida, des vœux *inspirés par Anacréon*, qui comprennent quatre couplets, et dont le premier commence ainsi :

> Que ne suis-je le clavecin ?

le second :

> Que ne suis-je son blanc mouchoir ?

le troisième :

> Que ne suis-je l'heureux serin ?

le quatrième :

> Que ne suis-je l'aimable lit ?

L'auteur a eu tort de faire un quatrième vœu, car il nous paraît, à première vue, que le troisième a dû être immédiatement exaucé.

Laissons maintenant les plaintes, les vœux, les désirs, les larmes, les sanglots, les soupirs, les reproches, les feux, les sentiments, les bergers et les bergères, les serins surtout, qui jouent un si grand rôle dans l'*Almanach des Grâces*, et occupons-nous de l'*Almanach des spectacles*[1].

Cet almanach parut pour la première fois en 1751. Il prenait pour titre : *Les Spectacles de Paris*, ou Calendrier historique et chronologique des théâtres, contenant : 1° les noms et demeures des principaux acteurs, danseurs, musiciens, etc.; 2° le catalogue des pièces; 3° les anecdotes auxquelles ces pièces ont donné lieu; 4° les noms des auteurs vivants, poètes et musiciens; 5° un précis de toutes les pièces nouvelles; 6° les noms des acteurs et actrices qui ont débuté dans l'année. « Il se publiait chez Duchesne, libraire, rue Saint-Jacques, *Au temple du goût*. » L'*Almanach des spectacles* abonde en renseignements curieux, dont nous fournirons quelques aperçus au lecteur. C'est ainsi que dans le nombre des artistes qui composent le concert spirituel, ouvert en 1725 et fermé en 1792, nous trouvons le nom de Laïs, qui, plus tard, jacobin exalté, abandonna les chants religieux pour ne plus interpréter que les chants révolutionnaires. On y apprend aussi que la garde de l'Opéra était confiée à soixante hommes des gardes françaises; que l'avocat Target était conseil du théâtre de la

---

[1]. Paris, chez le sieur Duchesne, 1751 à 1815, in-18.

Nation avec De Sèze; que Préville, quoique âgé de soixante-dix ans, consentit à reparaître au théâtre de la Nation en 1791, accompagné de Mme Préville, âgée elle-même de soixante ans passés; que Collot d'Herbois avait fait un crime au citoyen Vestris de n'avoir pas osé mettre un bonnet rouge dans le ballet du *Jugement de Pâris;* que le public donna lui-même le nom de théâtre de la République au spectacle, qui s'était appelé d'abord théâtre des Variétés amusantes, théâtre du Palais-Royal, théâtre de la rue de Richelieu, etc. Le savant et obligeant bibliothécaire de Carnavalet, M. Cousin, nous a révélé un détail curieux par une note inscrite de sa main, dans l'édition de 1793, et que nous nous empressons de reproduire : « Les années 1793 et 1794 furent rédigées par Collot d'Herbois, à ce que m'a dit, en 1841, M. Duchesne, propriétaire de cet almanach, qui se brouilla avec le rédacteur, à cause de ses opinions exagérées et de sa conduite révolutionnaire. » Ce recueil renferme d'agréables anecdotes, dont nous ne reproduirons que les plus intéressantes :

— Un des plus célèbres chanteurs de l'Opéra fit nettoyer un jour ses souliers par un petit Savoyard. Lorsque le musicien se disposoit à payer le décrotteur, celui-ci refusa son salaire en disant qu'il ne falloit rien exiger entre confrères. L'acteur demanda l'explication. « Je suis, dit alors le petit décrotteur, attaché comme vous à l'Opéra. C'est moi qui ai l'honneur de faire les Diables et les Amours. »

— M. de Chénier faisoit dire, dans *Azémire*, à l'un de ses personnages : « Que dira ton vieux père?... » Les beaux esprits de la cour feignirent d'entendre : « Que dira Dieu le Père ? » et là-dessus ils firent mille pasquinades qui contribuèrent beaucoup au mauvais succès qu'eut la pièce.

— Dans les deux pièces intitulées *Lodoïska*, jouées l'une à l'Opéra, l'autre aux Italiens, se trouve un incendie avec écroulement. Une dame, émue de quelques situations du drame, dit en parlant à celui qui l'accompagnoit : « Il y a du pathétique dans cet ouvrage,... j'ai senti... — La fumée ! » repartit un plaisant.

— On parloit devant un virtuose du Théâtre-Italien d'un grand ministre célèbre par des traités qui ont décidé du sort de l'Europe. On citoit tous les honneurs décernés à cet habile négociateur par différentes puissances : « Ma foi, Messieurs, dit le virtuose d'un ton pénétré, il mérite bien tous ces honneurs-là ; il a une si belle voix ! »

— A la dernière reprise de *l'Ambitieux et l'Indiscrète*, de Destouches, un bel esprit auquel on demandoit son avis, répondit avec un air très content de lui-même : « *L'Ambitieux* m'a fait plaisir, mais, comme je ne suis pas resté à la petite pièce, je ne ne sais comment a réussi *l'Indiscrète*. »

— Un perruquier se mit en tête de débuter dans un

opéra-comique. Au bout de dix mesures, il est sifflé et resifflé. Il ne perd pas la tête. « Patience, dit-il en s'avançant vers la rampe. Messieurs, je vous accommodois hier, je vous incommode aujourd'hui; sandis, un petit coup de peigne nous raccommodera demain. »

— La citoyenne Arnoult étoit venue à l'une des représentations de *Guillaume Tell* et, n'y voyant presque personne, dit à quelqu'un qui l'accompagnoit : « On dit ordinairement : *point d'argent, point de Suisses;* mais ici il y a plus de Suisses que d'argent. »

— Le célèbre Baron étoit aussi vain qu'excellent comédien. On prétend qu'il refusa la pension du Roi parce que l'ordonnance portoit : « Payez au nommé Michel Boyron, dit *Baron,* la somme de... »

— Deux acteurs, s'étant pris de querelle, se poursuivoient à coups de pierres, ce qui donna lieu au quatrain suivant :

> Trop illustres rivaux à cervelles d'autruches,
> Eh! de grâce, modérez-vous !
> Se frapper avec des cailloux
> Est très dangereux pour des cruches!

Voici les intéressants détails que donne cet almanach sur les dissentiments qui éclatèrent, en 1791, au théâtre de la Nation : «C'est avec regret que les amateurs de ce théâtre l'ont vu diviser par des querelles intestines; c'est avec douleur qu'ils ont vu des auteurs distingués lui déclarer la guerre.

Ce théâtre, jusqu'à la fin de 1789, avait fait ses annonces sous le titre de Théâtre Français. Il prit, à cette époque, celui de théâtre de la Nation, en y joignant celui de comédiens ordinaires du Roi. Le 22 juin 1791, cette qualification fut retranchée de l'affiche pour n'y laisser que *Théâtre de la Nation...* » Collot d'Herbois exprime ainsi son avis sur les suites de la division des comédiens français : « La Comédie-Française, écrit-il dans l'almanach de 1793, parut prendre à tâche de heurter de front l'opinion publique. Depuis la scission qui s'était opérée dans son sein, depuis le moment où Talma, Dugazon et la citoyenne Vestris l'avaient quitté pour aller fonder une colonie plus révolutionnaire dans la rue de la Loi, cette société suivit aveuglément le goût des gens de bon ton, de ce qu'on appelait encore *la bonne compagnie.* Une teinte aristocratique vint couvrir de sa rouille impure toutes ses opérations et toutes ses nouveautés. Aucune, à l'exception de *la Liberté conquise*, ne fit un pas vers la Révolution. Le feuillantisme vint enfin accoucher de *l'Ami des loix*, et soudain les patriotes et les gens de goût prévirent la chute du Théâtre-Français, jusqu'à cette époque le plus beau théâtre de l'Europe !... » Collot d'Herbois n'avait pu tolérer en effet qu'on y ridiculisât sa personne désagréable sous les traits du grotesque *Nomophage*[1]... Aussi comme il comble d'éloges le théâtre de la République, qui accueille généreusement ses productions et celles de ses amis ! « Ce théâtre, écrit-il, est monté actuellement à un très haut degré de perfection. Le titre que porte ce théâtre impose à tous ceux qui en font partie une sévérité de procédés particulière. Le ministre de l'Intérieur, ayant pris en considération l'utilité de ce spectacle qui a propagé les bons principes, l'a gratifié d'une somme de 25,000 livres ; une plus belle récompense lui est réservée, celle d'épurer les mœurs... Les artistes se montrent toujours dignes de leur nom. Outre que chacun d'eux n'a jamais laissé douter de son patriotisme, chacun d'eux s'empresse de coopérer par ses talens à l'accroissement des lumières et à l'extension des principes de notre Révolution. C'est là que l'on voit abonder les ouvrages patriotiques les plus recommandables par leur mérite littéraire, etc. » Collot d'Herbois donne alors son opinion sur les formes nouvelles qu'il faut prêter aux œuvres dramatiques : « La comédie, chez nous, dit-il, peut

---

[1]. Déjà Rivarol l'avait maltraité ainsi : « M. Collot d'Herbois infatigable au théâtre et maître absolu des passions. Voyez ses pièces. »

être extrêmement utile aux mœurs et à la politique que nous devons à notre heureuse Révolution. Déjà des magistrats philosophes ont voulu que son but tendît à l'instruction publique, à l'accroissement du zèle républicain. Imitons-les dans ce qu'ils ont fait de bien. Que nos poètes tragiques nous présentent sans cesse des modèles de vertus patriotiques! Que nos auteurs comiques poursuivent le modéré, l'insouciant, l'égoïste, le faux patriote dans leurs derniers retranchements!... » Tels étaient les conseils de ce faux bonhomme qui, toujours en rage contre toute supériorité, allait bientôt faire jeter en prison les acteurs du théâtre de la Nation, sous prétexte de modérantisme. Sans le dévouement de La Bussière, comme nous l'avons dit dans notre *Théâtre de la Révolution*, ces acteurs auraient péri sur l'échafaud. Et il s'est trouvé des critiques qui nous ont jadis reproché de n'avoir pas admiré la douceur et la générosité d'âme de Collot d'Herbois et de ses pareils! Il est vrai qu'ils ont eu soin de ne pas souffler mot de l'arrestation des comédiens français: c'est grand dommage, car il y avait là une scène à faire.

On se souvient qu'un arrêté du comité de Salut public, en date du 10 mars 1794, ordonna la réouverture du Théâtre-Français, sous le titre de

Théâtre du Peuple, pour le consacrer à des représentations données de par et pour le peuple à certaines époques de chaque mois. Un des considérants de l'arrêté stipulait que le répertoire des pièces à jouer sur ce théâtre serait demandé à chaque théâtre de Paris et soumis à l'approbation du Comité. L'*Almanach des Spectacles* de 1794 donne ce répertoire, tel que l'a revu et autorisé Collot d'Herbois lui-même. En voici les pièces principales :

L'Apothéose de Beaurepaire. — Allons, ça va ! — Andros et Almona. — Le Véritable Ami des loix. — L'Ami du Peuple. — La Bienfaisance de Voltaire. — Les Crimes de la Féodalité. — Encore un Curé ! — Fabius. — Guillaume Tell. — Horatius Coclès. — La Journée du 10 août. — La Liberté des Nègres. — Miltiade à Marathon. — Les Peuples et les Rois. — Les Rigueurs du Cloître. — Les Visitandines.

De l'an II à l'an IX l'*Almanach des Spectacles* interrompit sa publication, comme le prouve cet avertissement placé en tête de l'almanach de l'an IX : « C'est en 1751 que cet ouvrage a paru pour la première fois, et si l'on en excepte cinq années, pendant lesquelles nous avons été forcés par les circonstances d'en suspendre la publication, nous avons vu depuis quarante-neuf ans, avec le plus vif plaisir, son succès s'augmenter de jour en jour. »

L'*Almanach général de tous les spectacles de Paris et des provinces*[1] rédigé par Froullé, ne parut que pendant deux années : 1791 et 1792. Nous trouvons sur cet opuscule l'appréciation suivante dans la correspondance de Grimm [2] : « Nous ignorons à quelle société le public en est redevable, mais il y a tout lieu de croire que personne n'y a plus travaillé que le Cousin Jacques, M. Beffroy de Reigny. Un des plus longs articles est employé à démontrer qu'aucune pièce n'a rapporté plus de profit au théâtre de la rue Feydeau que les trente premières représentations du *Club des bonnes gens*, et ce petit ouvrage mérite, en effet, tout le succès qu'il a obtenu, non seulement par des tableaux remplis de naturel et de simplicité, mais encore par le bon esprit dans lequel il paraît avoir été fait, car il ne respire que l'amour de l'ordre et la haine qu'on doit à toute faction, à tout esprit de parti. Cet almanach est d'ailleurs un monument assez curieux de la *stérile abondance de toutes nos richesses dramatiques...* » Voilà le théâtre révolutionnaire jugé en une ligne et bien jugé !... Nous mettons au défi le critique impartial de prouver que Grimm ou Meister ont

---

1. Paris, in-18, 1791-1792, chez Froullé.
2. Tome XVI.

émis une appréciation hasardée. Qu'on ne nous parle pas de libéralisme ou d'illibéralisme : les opinions politiques n'ont rien à faire ici. Il s'agit de juger ce théâtre au point de vue littéraire, le seul dont nous nous préoccupons. Eh bien, après de longues études consciencieuses, faites sans parti pris, après avoir examiné à nouveau, et pour ainsi dire une à une, les productions dramatiques de 1789 à 1799, nous ne voyons en général dans le millier de pièces qui a passé sous nos yeux, que fatras, sottise, fausse sensibilité, manque de naturel, de logique et de clarté. *Abondance stérile* est bien le mot qui résume notre jugement, et ce ne sont pas des raisonnements hypothétiques établis sur des rêveries et non sur les documents eux-mêmes, qui nous feront dévier d'une opinion solidement établie. Il faut être doué d'un singulier sens critique ou se servir de lunettes extraordinairement bleues pour voir autrement. Nous avons toujours applaudi l'obstination sincère d'Alceste à déclarer le sonnet d'Oronte ridicule, et rien ne nous fera trouver le théâtre révolutionnaire excellent [1].

---

[1]. Voir aux Annexes une observation de La Harpe sur ce théâtre.

Nous lisons dans l'Almanach général des spectacles le récit curieux d'une représentation en 1791 au Théâtre de la Nation, où Marie-Antoinette avait voulu revoir Préville.

« La Reine n'a pas su résister au désir naturel de voir encore une fois la nature et la vérité sur la scène. Le public l'a accueillie avec transport, et des témoignages d'attachement et d'allégresse l'ont suivie jusque dans son palais. Une députation des Jacobins (car ils se mêlent des spectacles comme des administrations) a voulu troubler l'ordre, et son plan était de mortifier cette princesse pour le seul plaisir d'insulter au trône et de chagriner le meilleur des monarques. Mais une indignation subite et générale a étouffé les hurlements séditieux de ces prétendus patriotes, et ils ont été chassés de la salle, comme ils finiront sans doute par être chassés de tous les lieux qu'ils infecteront de leur présence, si la raison et la vertu reprennent quelque empire sur la nation française... »

Quant au différend soulevé entre le Théâtre de la Nation et le Théâtre de la République, voici ce que cet almanach en dit, non sans emphase : « Le Théâtre de la Nation est maintenant le seul où l'on joue bien la comédie, et tous ceux qui prétendent l'écraser sont encore bien loin de l'atteindre... Ce théâtre sera dans peu plus célèbre et plus accrédité qu'il ne le fut jamais. Les vagues de la mer s'apaiseront et le rocher qu'elles ont battu inutilement restera seul intact, au milieu des eaux. » Il nous paraît intéressant maintenant de montrer au lecteur la composition des deux théâtres. Nous mettons les noms des principaux artistes en regard :

Théâtre de la Nation.	Théâtre de la République.
Molé.	Monvel.
Des Essarts.	Dugazon.
Dazincourt.	Talma.
Fleury.	Saint-Clair.
Bellemont.	Desrozières.
Vanhove.	Michot.
Florence.	Valois.
Saint-Prix.	Grandmesnil.
Naudet.	Dumaniant.
Dunant.	Chatillon.
La Rochelle.	Fuzil.
Mesdames	Mesdames
La Chassaigne.	Vestris.
Suin.	Candeille.
Saint-Phal.	Desgarcins.
Raucourt.	Saint-Clair.
Contat.	Roubeau.
Joly.	Lange.
Devienne.	Simon.
Petit.	Germain.
Fleury.	Dubois.

A part Talma, qui l'emportait sur tous les autres, le Théâtre de la République ne possédait que des acteurs de talents inférieurs à ceux du Théâtre de la Nation. Le premier attira à lui les ouvrages de Cailhava, Riouffe, Cizos-Duplessis, La Harpe, Fabre d'Églantine, Ducis, M.-J. Chénier, Lebrun, Collot d'Herbois ; l'autre, les ouvrages de Laya, Demoustier, de Flins, Collin d'Harleville, etc. Nous ne saurions trop engager ceux qui s'occupent du théâtre de la Révolution à consulter l'Almanach Duchesne et l'Almanach général des spectacles : ils renferment de précieux renseignements sur l'histoire théâtrale de cette époque, et nous avons eu nous-même plusieurs fois l'occasion de les mettre à profit.

Il nous reste encore quelques mots à dire de certains almanachs qui rentrent plus spécialement dans la classe des almanachs littéraires. Le premier s'intitule, par opposition au fameux almanach de Rivarol, *le Petit Almanach de nos grandes femmes* [1] et tourne en ridicule les femmes de lettres comme Mlles Aurore, de Montoire, Mmes de Beauharnais, de Bourdic, Dufresnoy, Laffitte, de Guibert, de Lille, de Saint-Just, de Montenclos, de Rossi, etc. Mme de Beauharnais se voit appliquer ces deux vers de Lebrun :

---

1. Londres, 1789, in-24.

... Églé n'a que deux petits travers !
Elle fait son visage, et ne fait pas ses vers.

On y dit de Mme de Beauvoir : « On prétend que le mari dicte lorsque madame écrit. » Enfin l'auteur place méchamment parmi les femmes le traducteur de Virgile, l'abbé Delille. Sa conclusion est celle-ci : « Lecteurs impartiaux, nous croyons vous avoir mis à portée de juger désormais, en connaissance de cause, ce sexe aimable et charmant qui, non content de pourvoir à la reproduction des hommes, se charge encore de les éclairer et de les instruire. » « C'est le même cadre que l'Almanach des grands hommes, dit Grimm, mais ce n'est assurément ni le même esprit ni la même gaieté. Il suffit d'être méchant pour réussir; mais encore méchant, ne l'est pas qui veut. »

Les Étrennes de mon cousin, ou l'Almanach pour rire[1], essayent vainement de répondre aux satires mordantes de l'almanach de Rivarol. Quoique le *Petit Almanach des grands hommes*[2] ne rentre pas précisément dans le genre des almanachs, comme il attaque les almanachs des Muses et des Grâces, il convient d'en parler un peu. Le début de ce pamphlet dirigé contre les Arnaud de Baculard,

---

1. Falaise, 1789, in-12.
2. Paris, 1788, in-12.

les Barré, les Berquin, les Ginguené, les Marsollier, les Ximenès, suffira pour en faire comprendre toute la portée. « Ne doit-on pas frémir, écrit Rivarol, quand on songe que, sans une légère attention de la part de Virgile et d'Horace, Bavius et Mœvius seraient inconnus et que, sans Molière et Boileau, on ignorerait l'existence de Perrin, de Linière et de quelques autres? Enfin, que ne dirai-je pas des soins que s'est donnés l'infatigable Voltaire pour déterrer et pour classer dans ses œuvres les plus petits de ses contemporains? Il est tems de corriger une telle injustice et pour n'être plus exposé à des pertes aussi douloureuses, je pense qu'il faudrait, par un répertoire exact de tous les hommes qui pullulent dans notre littérature, depuis l'énigme jusqu'à l'acrostiche, depuis la charade jusqu'au quatrain et du distique jusqu'au bouquet à Iris, justifier la nature, et disputant tant de noms à l'oubli, montrer à la fois nos trésors et sa magnificence... »

Celui dont Voltaire disait : « C'est le Français par excellence! » n'a ménagé dans son almanach ni orgueil ni amour-propre. Quelques citations prises au hasard le prouveront assez :

ANDRIEUX (M.). Les beautés trop délicates de ses petits vers ont échappé jusqu'ici aux yeux vulgaires, mais l'extrême naturel de ces vers-ci aurait dû frapper tout le monde.

> Le feu cependant éclate,
> J'entends le grillon crier,
> Le chat vient pour qu'on le flatte,
> Et joue autour du foyer.

Voilà la belle nature et la véritable poésie. Un seul couplet de cette force peut arrêter la décadence des arts.

BARRÉ (M.). On ne sait que citer d'un écrivain que tout le monde sait par cœur. Pourrait-on oublier, en effet, ce couplet charmant qu'il adresse à une dame en lui envoyant un cœur de sucre, et qui finit par ces deux vers qui ont fait pâmer tout Paris :

> Mon cœur, craignant pareille chance,
> S'alla faire sucre d'avance !

CUBIÈRES (M. le chevalier de) nous a fait dire qu'il refaisait l'*Art poétique* de Boileau.

GRIMOD DE LA REYNIÈRE (M.). Prodige naissant en littérature ; il va à l'immortalité par trois routes différentes, par ses livres, par ses articles et par ses soupers.

LEGOUVÉ (M.). Ce jeune poète, renonçant à tous les plaisirs et à toutes les illusions de son âge, ne respire que pour l'honneur des Almanachs et des Étrennes poétiques : aussi, grâce à sa vigilance, rien ne périclite dans la littérature légère.

PIIS (M.). C'est le premier poète qui ait songé à

donner un état fixe aux vingt-quatre lettres de l'alphabet.

— Les lettres X, Y, Z, se trouvent frappées de stérilité. La gloire, toujours soumise aux arrêts du hasard, ne fera rien pour elles, puisqu'elles n'ont rien fait pour nous. Il n'y a que M. Piis qui ait pu faire quelque chose pour l'X, l'Y et le Z dans sa poésie de l'*Harmonie;* c'est là qu'ils ont un rang et une existence :

> « Renouvelé de *Xi*, l'x excitant la rixe,
> Laisse derrière lui l'y grec jugé prolixe,
> Et mis, malgré son zèle, au même numéro.
> Le z, usé par l's, est réduit à zéro !... »

On juge si ces plaisanteries acérées mirent en fureur les Alibert, les Baudrais, les Cailleau, les Damas, les Gillet, les Hoffman, les Hubert, les Knapen, les Nogaret, les Sélis et les Valade!... Ce fut alors qu'ils essayèrent de répondre par *les Étrennes de mon cousin ou l'Almanach pour rire.* Hélas ! trois fois hélas !... Les railleries étaient si plates, si médiocres, qu'elles ne portèrent pas. L'abbé de C... répandit une chanson contre le comte de Sonencour, fils d'un aubergiste flétri, auteur du *Petit Almanach des grands hommes.* Un autre lança une épigramme au comte de Rivarol, fils de Riverot, tenant l'auberge des *Trois Pigeons* à Bagnols. Il s'attira la verte réponse qui suit :

> Tout être a ses besoins dans la foule des êtres.
> Chacun vit comme il peut : l'âne vit de chardons ;
> Digne héritier de l'art de nos ancêtres,
> Moi, j'ai vécu, je vis et vivrai de lardons.

Les jugements si charmants, si fins, si étincelants de Rivarol sur les poètes, fournisseurs de l'*Almanach des Muses* et de l'*Almanach des Grâces*, resteront. On voudra relire ces pages pittoresques qui font justice de tous ces hobereaux de lettres, entre les mains desquels « Apollon était devenu un Abailard ». On se rappellera toujours la péroraison de cette amusante critique : « O France, ô ma patrie, voilà donc ta solide gloire et tes véritables richesses ! Voilà les auteurs de toutes les nouveautés dont tu es idolâtre, de ces brillantes nouveautés qui te tiennent en haleine d'un bout de la vie à l'autre, qui te dispensent de lire les ouvrages des anciens, du siècle de Louis XIV et de tes rivaux, et te délivrent de trois choses également onéreuses : de ton temps, de ton argent et de tes idées [1]... »

Nous ne mentionnerons qu'en passant, comme almanachs littéraires, *le Régiment de la Calotte*[2],

---

1. Consultez encore, pour plus de détails sur Rivarol et ses écrits, le travail si considérable de M. de Lescure.
2. 1790, in-8º.

étrennes patriotiques dédiées à tous les ordres religieux réformés et qui décerne des brevets de ce régiment à d'Epremesnil, au maréchal de Broglie, au duc de Charost, etc.; *Bon jour bon an, vive la Liberté* [1], étrennes patriotiques ou suite du précédent almanach, et où l'on ne trouve rien de saillant ni rien de spirituel; *les Bêtises* [2], *l'Esprit du siècle* [3] et les *Etrennes aux grisettes* [4], requête adressée à Bailly par Florentine de Launay, cessionnaire de Rose Gourdan, propriétaire du grand balcon sis rue Croix des Petits-Champs Saint-Honoré, contre les marchandes de modes, couturières, lingères et autres grisettes commerçantes sur le pavé de Paris. Cet opuscule très grivois s'en prend surtout aux actrices et maltraite fort Mlles Contat, Dorval, Desgarcins, Fleury, Joly, Julie, Laforêt, Lescaut, etc.

Nous arrivons à l'*Almanach des Françoises célèbres* [5] par leurs talents ou leur beauté, lequel fut dédié en 1790, aux dames citoyennes qui, les premières, offrirent leurs dons patriotiques à l'Assemblée nationale. L'une des gravures de cet almanach représente les dames apportant leurs dons à l'Assemblée, tandis que les députés, trans-

---

1. 1790, in-12. — 2. 1790, in-8. — 3. Paris, 1790, in-16. — 4. 1790, in-8º. — 5. Paris, 1790, in-18.

portés d'admiration, lèvent les bras au ciel et que le public des tribunes applaudit à tout rompre. L'autre représente une jolie femme déposant une cassette sur l'autel de la Patrie. Le Dieu de la Guerre lui adresse son plus aimable sourire, l'Histoire écrit son nom sur ses tablettes et la Renommée lui offre des couronnes. « Cet almanach, dit l'auteur, renferme des notices assez exactes de plus de 300 femmes célèbres parmi nous depuis l'origine de la monarchie... Nous osons croire que ce petit dictionnaire, lu aux toilettes, mêlera quelques réflexions utiles à celles que font maître Léonard et Mlle Bertin... » Pauvre Léonard! Pensait-il à ce moment qu'on lui ferait un crime d'avoir coiffé Marie-Antoinette, et qu'il monterait pour cette cause sur l'échafaud, le 7 thermidor an II?... Les dames offertes à l'admiration du beau sexe sont, entre autres, Marie-Thérèse, Mme de Staël, Mlle Allard danseuse de l'Opéra, Louise Labé la belle Cordière, Ninon de L'Enclos, Mlle Dugazon, Mme de La Popelinière, les demoiselles Quinault, Mme Guyon, la Béjart, Gabrielle d'Estrées, Mlle Delamotte, la duchesse du Maine, Mlle Doligny, Anne de Beaujeu, etc. On cite dans cet almanach une épître de Mme de Beauharnais, aux hommes, dont voici le début :

> Sexe qui vous croyez le maître,
> Soyez au moins digne de l'être,
> Justifiez votre fierté ;
> Et puis ce sera notre affaire,
> Quand vous l'aurez mérité,
> De vous surpasser pour vous plaire !

En résumé, ce petit ouvrage contient une foule de notices consacrées surtout aux actrices célèbres, et bien des détails... délicats, qui ne sont pas généralement mis sous les yeux des dames.

L'*Almanach des Trépassés*, où nous ne trouvons rien d'intéressant, est suivi de l'*Almanach de Trou-Madame*[1] où sont relatées des aventures galantes dont nous ne pouvons décemment dire un mot. Les *Étrennes mignonnes, curieuses et utiles*[2] nous apprennent que l'éditeur, domicilié rue des Bernardins, vend au prix de 1 livre 10 sols et de 3 livres une pommade cosmétique, dont les principales propriétés sont de blanchir la peau, de lui donner la fraîcheur de l'adolescence et d'empêcher les rides. Ne croirait-on pas lire une de ces réclames qui encombrent la quatrième page de nos journaux à la mode, où l'on promet aux belles dames d'effacer la patte-d'oie et autres outrages des ans, jadis irréparables ?

---

1. 1791, in-18. — 2. Paris, 1792, in-18.

Les *Étrennes du Parnasse* de 1793 [1] offrent au lecteur des anecdotes et des documents inédits sur les prisonniers de la Bastille. L'Almanach national, qui s'intitule en cette même année : « *Dieu soit béni!* » prend pour devise : « *Dominabitur!* » prédit les variations atmosphériques, indique les fêtes et rend hommage aux sages représentants :

Vainqueurs des préjugés, destructeurs des tyrans!

L'*Almanach du Bonhomme* [2] nous déclare, à l'article CENSEUR, qu'il n'y a plus de censeurs en 1793. « On est donc libre? — Non. — Autant valait les laisser! » Viennent pour la même époque l'*Almanach du Peuple* [3], les *Étrennes des Émigrés* [4], l'*Almanach des Catholiques romains* [5], puis le *Chansonnier de la Montagne* [6], sur lequel nous devons insister un peu.

Les auteurs des chansons patriotiques mentionnées dans cet almanach sont : M.-J. Chénier, Gassicourt, Couret, Moline, Nougaret, Mercier, Bourdon, Rousseau, etc. Nous y rencontrons aussi François de Neufchâteau, qui prodiguait alors son enthousiasme facile et sa muse féconde à la Montagne. On en jugera par cet

---

1. 1793, in-12. — 2. Paris, 1793, in-18. — 3. 1793, in-18. — 4. 1793, in-18. — 5. 1793, in-18. — 6. An II, in-18.

échantillon d'un de ses hymnes à la Liberté, rimé d'une manière bizarre :

> Et vous, despotes de la terre,
> Monstres et tigres couronnés,
> Vous, auteurs d'une affreuse guerre,
> Fédéralistes forcenés,
>   Ennemis des Français,
> Lâches qui désiriez un maître,
>   La Liberté
> S'affermit par vos propres coups...
> Malgré vous, nous l'avons fait naître,
> Nous la garderons malgré vous !

François de Neufchâteau demande qu'à la voix de la Liberté les sceptres et les mitres tombent, que les superstitions s'enfuient, etc. Sept ans après, il se courbait devant la botte et le sabre, puis devant le sceptre, et il fatiguait l'Empereur de ses basses adulations !... Ce recueil contient des hymnes sur la fête de Marat et de Lepelletier, la réduction de Lyon, le blocus de Valenciennes, la chanson de la Gamelle, le Cri de mort contre les rois, etc. On y apprend que le 20 brumaire an II, les orphelins des défenseurs de la Patrie ont chanté devant la Convention l'hymne de Léonard Bourdon, qui commence de cette façon :

> François, quelle métamorphose
> Transforme nos saints en lingots?

Une ronde civique dansée sur l'air : « *Un jour Colinette au bois s'en alla* », nous révèle les aimables sentiments des jacobins à l'égard des suspects. En voici un court extrait :

GILLES

Celui qu'on suspectera, on le dénoncera, on l'emprisonnera, on le jugera, et chacun dira :

> N'y a pas d'mal à ça, Colinette,
> N'y a pas d'mal à ça !

Le premier venu est admis à insérer des chansons dans ce recueil, pourvu qu'il justifie de la pureté de son civisme : c'est ainsi qu'on y lit les vers d'un sans-culotte de la section de Popincourt et du dragon Adhémar. D'Hamonville fils y place des stances au bon Marat, sur l'air touchant : *O ma tendre musette !...* Nous en publions la deuxième :

> De l'aristocratie
> Marat fut la terreur.
> De la démocratie
> Il fut le défenseur.
> Du peuple il fut le père,
> L'ami le plus ardent ;
> Marat fut sur la terre
> L'appui de l'indigent.

A quoi songeait donc Charlotte Corday en frappant cet excellent homme?... Elle a certainement interrompu une ère de bonheur pour le peuple français!

Après ces chansons et ces stances apparaît l'*Almanach des plus jolies femmes du Palais-Égalité ou le Plaisir de l'amour* [1], suivi de la liste des principaux enrichis de la Révolution, de leurs noms et demeures, opuscule léger, auquel succède le grave *Almanach des femmes célèbres* par leurs vertus, leur science et leur courage, « dédié aux femmes intéressantes ! » Vendémiaire y est consacré à la Pudicité, Brumaire à la Charité, Frimaire à la Douceur, Nivôse à la Piété, Pluviôse à l'Amour conjugal, Ventôse à la Sagesse, Germinal à l'Esprit, Floréal à la Science, Prairial à la Philosophie, Messidor à l'Héroïsme, Thermidor au Mérite rare et Fructidor à la Célébrité. L'auteur, un citoyen Beyerlé, présente aux dames des notices sur les sciences, la géographie, l'astronomie, etc. Il dédie son ouvrage en ces termes à Félicie Duthil : « Un Almanach des femmes célèbres dédié aux femmes estimables devait être offert à l'une d'elles. Il en est tant que me voilà dans l'embarras du choix ; grâce à l'amitié, je m'en

---

1. Paris, 1795, in-12.

suis tiré. Elle prend le petit volume et vous l'offre, aimable Félicité.

> Un almanach, pour n'être un don superbe,
> Le faudra-t-il rejeter sans pitié ?
> N'oubliez pas cet antique proverbe :
> Petit présent entretient l'amitié ! »

De cet almanach quasi pédagogique nous tombons sur l'*Almanach du Chrétien* pour l'an de grâce 1799 [1], où figurent à la fois le calendrier grégorien, le calendrier ecclésiastique et le calendrier républicain. Ce dernier y est l'objet des plus vives attaques. On prouve qu'il n'est pas plus républicain qu'un autre, qu'il est inutile, qu'il gêne la France dans ses rapports avec l'étranger et qu'il n'est pas exact, car il y a, par exemple, des départements où l'on vendange avant *Vendémiaire*, d'autres où l'on vendange après, d'autres enfin où l'on ne vendange pas du tout. On y démontre aussi que le seul but du nouveau calendrier a été d'abolir tout culte et de détruire toute religion. Cet almanach pieux pose des questions et donne des réponses sur des sujets de ce genre : « Y eut-il jamais un peuple et un gouvernement sans religion ? — Est-il permis d'être indifférent

---

1. Paris, 1799, in-8°.

en religion ? — Comment meurent les impies ?... etc. » Le tout est suivi de stances chrétiennes sur les maux de l'Eglise, extraites des œuvres de Racine et de J.-B. Rousseau.

La série des almanachs littéraires se clôt par l'*Almanach du bon vieux temps*[1], l'*Almanach des Rentiers*[2], l'*Almanach des Ridicules*[3] et les *Révolutioniana*. Nous y choisirons, çà et là, quelques anecdotes ou observations amusantes qui termineront gaiement cette seconde partie :

— Un cavalier, dansant avec une aimable femme dont les vêtements étoient d'une agréable transparence, ne put s'empêcher de s'écrier avec transport : « Je crois voir un fleuve d'huile de rose couler doucement sur un marbre blanc ! »

— L'amitié ne meurt que faute d'acquitter ses dettes, et l'amour ne vit qu'à force de multiplier les siennes.

— Testament d'un rentier sous le Directoire : « Je n'ai rien. Je dois tout. Je laisse le reste aux pauvres. »

— Avez-vous pleuré à la pièce *Misanthropie et Repentir ?* — Oui, j'ai pleuré mon argent.

— Mme Angot étoit allée trouver David pour lui

---

1. An VIII.
2. Paris, an VIII, in-18.
3. An VIII, in-18.

commander son portrait. « Je ne peins que l'histoire, Madame, lui répondit David. — Qui donc me peindra le reste ? » répliqua-t-elle vivement.

— Quelqu'un reprochant publiquement à Saint-Huruge qu'il n'avoit pas tiré vengeance de quelques coups de bâton bravement reçus, le gros marquis répliqua : « Je ne me mêle jamais de ce qui se passe derrière moi. »

— Mme Tallien entroit dans un bal, parée d'un habillement magnifique et couronnée de diamants. Un jeune muscadin se mit à la suivre avec opiniâtreté. Elle s'en offensa et lui en demanda la cause : « Je me permets, Madame, lui répondit-il, d'admirer les diamants de la couronne. »

— On arrête un voleur dans la rue de la Loi. Le chef de la patrouille, qui lui met la main au collet, le traite de jacobin. Celui-ci, en colère, dit à l'officier : « Citoyen, arrêtez les voleurs, mais ne les insultez pas ! »

MADRIGAL

En nous peignant *in naturalibus*
    Et Tatius et Romulus,
Et de jeunes beautés sans fichus et sans cottes,
David ne nous apprend que ce que l'on savoit ;
    Depuis longtemps Paris le proclamoit
        Le Raphaël des sans-culottes ! »

Nous aurions encore à citer mille anecdotes plus joyeuses les unes que les autres, mais il faut s'arrêter. Nous finirons par une annonce et par un mot. L'annonce concerne la vente du théâtre des Troubadours :

Le citoyen Léger, directeur, acteur et auteur du théâtre des Troubadours, s'apercevant que les recettes depuis longtemps ne s'élèvent point au niveau des dépenses, prévient le public qu'il vendra incessamment et à bon marché :

Une mer, consistant en douze vagues, dont la douzième, plus grosse que les autres, se trouve un peu endommagée;

Item. Une douzaine et demie de nuages brodés de noir et bien conditionnés;

Item. Un arc-en-ciel un peu passé;

Item. Une belle neige en flocons de papier d'Auvergne;

Item. Trois bouteilles d'éclairs;

Item. Un soleil couchant de peu de valeur et une nouvelle lune un peu surannée;

Item. Un panache qui n'a servi qu'à Œdipe et au comte d'Essex;

Item. Le mouchoir d'Othello et les moustaches d'un pacha;

Item. L'aspic de Cléopâtre;

Item. Un repas complet, composé de quatre entrées et d'un pâté de carton, d'une poularde de même matière, de plusieurs bouteilles en bois de chêne, avec le dessert en cire;

Item. Cinq aunes de chaînes de fer-blanc, dont le cliquetis est admirable et fait couler des torrents de larmes.

Le citoyen Léger propose aux amateurs divers artistes très bien assortis : d'abord quatre amoureuses de belle venue, garanties, sauf erreur..., etc. »

Le citoyen Léger avait bien le droit de rire un peu de lui-même ; il aurait pu l'avoir aussi des autres, car c'est à lui qu'est arrivée l'aventure suivante. Ayant fait afficher dans une ville de province qu'il donnerait en représentation *Amphitryon*, comédie en *vers libres*, la municipalité du lieu, sur le seul vu de l'affiche et soucieuse de la bienséance, lui défendit de la jouer.

Le dernier mot des almanachs littéraires est un mot d'une certaine portée politique :

« Lorsque la Constitution de l'an VIII parut, un nouvelliste entra chez un libraire et lui en demanda un exemplaire. — Monsieur, lui répondit-on, nous ne vendons point ici d'ouvrages périodiques. »

TROISIÈME PARTIE

LES ALMANACHS TECHNIQUES

Nous avons été amené à ranger sous cette rubrique les almanachs qui ne rentrent, à proprement parler, ni dans les almanachs politiques, ni dans les almanachs littéraires. Tels sont les guides des voyageurs et des étrangers, les calendriers des différentes villes, les annuaires du commerce, des administrations et des tribunaux, les almanachs géographiques, militaires, agricoles, etc.

L'*Almanach parisien* de 1789[1] fournit l'indication détaillée des monuments, spectacles, pro-

---

1. Paris, 1789 à 1793, in-8°.

menades, châteaux et parcs de Paris. Ainsi, l'on y apprend que le 1er janvier on peut aller voir à Versailles la marche des princes du sang et des cordons bleus, puis les 11, 15, 18, 22, 25 et 29 du même mois, se divertir au bal de l'Opéra. Les grands spectacles ferment pendant toute la durée du carême, et il n'y a d'autre distraction à ce moment de l'année que le Concert spirituel. Le 6 mai, le Roi passe la revue de l'armée dans la plaine des Sablons. Le 11 juin, grande procession de la Fête-Dieu, à Versailles ; le 5 juillet, jeu des eaux à Saint-Cloud ; le 15 août, procession à Notre-Dame, avec l'assistance de toutes les cours souveraines ; le 25 du même mois, jeu des eaux à Versailles et visite des appartements du Roi ; le 8 septembre, fête à Saint-Cloud ; le 9 octobre, fête à Saint-Denis ; le 12 novembre, rentrée du Parlement ; le 31 décembre, visite au palais Marchand pour y acheter les étrennes, avec rendez-vous, pour l'acquisition des bonbons, rue des Lombards et rue de la Vieille-Boucherie. Voilà les principales distractions de l'année 1789. Cet almanach, en 1793, indique les mêmes monuments, les mêmes spectacles, les mêmes promenades ; mais un *erratum* curieux le termine. Il est bon de le reproduire :

« Nos lecteurs, dit-il, trouveront dans ce petit

ouvrage quelques articles qui leur paraîtront imparfaits, mais ils sont en très petit nombre : la Révolution du 10 Août est cause de cette inexactitude. A cette époque, la plupart des feuilles de cet almanach étaient déjà imprimées. Quel est celui qui n'excuserait pas ces erreurs, quand la cause en est si légitime?... Elles tombent principalement sur la description des maisons de religieux et de religieuses, et sur quelques églises desquelles on a soustrait tout ce que l'orgueil avait fait élever et que la bonté, la crédulité du peuple d'autrefois avait payé de ses sueurs!... » Ainsi, jusqu'à ce médiocre petit opuscule qui cherche à se prémunir contre les soupçons, qui tremble et qui s'épouvante, tant était grande la liberté des appréciations en 1793 ! Ah ! comme André Chénier a eu raison d'écrire son admirable article : *les Autels de la Peur !*

Le *Calendrier de la Cour*, qui date de 1700 et va jusqu'à 1792, donne à ses lecteurs la chronologie des rois, la composition de leurs maisons et de celles des princes ; l'état administratif, religieux, militaire, commercial et judiciaire de la France... Il n'est pas jusqu'à l'*Almanach royal*[1], devenu seulement en 1793 *Almanach national*,

---

1. Paris, 1669 à nos jours, in-4º.

qui ne mérite un certain examen. Cet almanach, qui se continue de nos jours et que nous avons vu tantôt royal, tantôt national, tantôt impérial, fut présenté pour la première fois à Louis XIV, en 1669, par son éditeur, Laurent d'Houry. Cet éditeur fut remplacé en 1725 par le sieur Le Breton, son petit-fils, auquel succéda, en 1779, Laurent-Charles d'Houry, remplacé lui-même en 1786 par François-Jean-Noël Debure, son gendre. Aussi, l'almanach royal de 1789 a-t-il soin d'indiquer qu'il a été mis en ordre et publié par Debure, gendre de feu M. d'Houry, et qu'il sort de l'imprimerie de la veuve d'Houry, avec approbation et privilège du Roi. Cet almanach renferme les renseignements suivants : « Calendrier.—Éclipses. — Saisons. — Rois et reines de France. — Naissances et alliances des rois. — Reines, princes et princesses de l'Europe. — Cardinaux. — Clergé de France. — Maison du Roi. — Maison de la Reine. — Conseil de la Reine. — Maison de Monsieur. — Conseil de Monsieur. — Maison de Madame. — Princes, seigneurs et pairs de France. — Ministres du Roi. — Ministres des Cours étrangères. — Lieutenants généraux. — Maréchaux de camp. — Marine. — Conseils de France. — Artillerie. — Génie. — Gouverneurs et lieutenants généraux des provinces. — Chevaliers du

Saint-Esprit et de Saint-Michel. — Départements des secrétaires d'État. — Parlement. — Notaires. — Huissiers. — Université. — Facultés, etc. » L'almanach royal de 1790 est basé sur le même plan. L'almanach royal de 1791 donne la carte des quatre-vingt-trois départements. L'Assemblée nationale y vient après le clergé et occupe la place réservée autrefois aux Maisons du Roi et de la Reine, qui tenaient, en ce même endroit, vingt-quatre pages. On y lit, en note, ces quelques lignes significatives :

« Le nouvel ordre que Leurs Majestés se proposent d'établir dans leur maison, ainsi que les princes de la famille royale, devant occasionner incessamment des changements multipliés dans les détails contenus ordinairement en cet article, il a paru plus convenable de le supprimer entièrement pour cette année que de le présenter d'une manière inexacte. » Cette constatation indique bien que tout est fini. Il ne va plus rien rester des aumôniers, des chapelains, des premiers gentilshommes, des grands maîtres, des capitaines des gardes du corps, des écuyers, des pannetiers, des grands veneurs... Encore quelques jours, et toute cette belle noblesse, joyeuse, pimpante et chamarrée, va sombrer dans l'exil ou dans la mort !

L'Almanach royal de 1792 nous donne la Constitution acceptée par le Roi, avec la Déclaration des Droits de l'homme et du citoyen. Vient l'Almanach national de 1793, orné d'une vignette qui représente le bonnet phrygien surmontant un faisceau. Au-dessous on lit les mots : — Patrie, République françoise — puis, à côté, l'on voit des canons, des boulets et des tonneaux de poudre. L'imprimerie Testu, de la rue Hautefeuille, a remplacé l'imprimerie de la veuve d'Houry. Il n'y a plus ni souverain, ni roi, ni reine, ni maisons de France, de Monsieur, de Madame. L'Almanach national contient maintenant la liste des conventionnels, des membres du Conseil exécutif, des généraux, etc. On y trouve, non sans étonnement, une liste des curés de Paris. Ils sont ainsi dénommés : « *Notre-Dame* : le citoyen évêque métropolitain. — *Saint-Sulpice* : le citoyen Mathieu. — *Saint-Germain des Prés* : le citoyen Jean-François Roussineau. — *Saint-Ambroise* : le citoyen Côme-Annibal-Pompée Varlet », et ainsi de suite. A la place réservée autrefois aux rois, princes et princesses de l'Europe, on lit une notice sur quelques puissances.

L'Almanach national de 1794 renferme le nouveau calendrier républicain, l'acte constitutionnel présenté au peuple français par la Convention le

24 juin 1793, la liste des membres du tribunal révolutionnaire, avec cette observation peu rassurante : « Depuis l'établissement du tribunal, les conspirateurs et contre-révolutionnaires se sont multipliés, au point que le nombre des juges s'est trouvé insuffisant !... » Les évêques et les curés assermentés ont disparu à leur tour. L'Almanach de l'an III a la même physionomie que le précédent ; celui de l'an IV nous présente la nouvelle Constitution et la liste du Directoire, du Conseil des Anciens et du Conseil des Cinq-Cents. L'armée de l'intérieur a pour général en chef Bonaparte, que nous revoyons dans les Almanachs de l'an V et de l'an VI général en chef de l'armée d'Italie ; puis, dans celui de l'an VII, général en chef de l'armée d'Égypte. Nous n'insisterons pas davantage sur ce recueil, qui, dans quelques jours, va devenir l'Almanach impérial. On le transformera au fur et à mesure des vicissitudes gouvernementales de la France ; et c'est ainsi que nous voyons ses éditeurs aller, chaque année, offrir leur œuvre au chef de l'État, quel que soit son titre. On comprend maintenant cette judicieuse observation de l'*Encyclopédie du XIXe siècle* : « On peut voir dans cette série d'almanachs officiels toute l'instabilité de la fortune, toute la mutabilité des emplois et la ver-

satilité d'une foule de gouvernements qui tombent et font tomber après eux des milliers de victimes, sans que la leçon du passé rende les hommes plus sages et plus méfiants de l'avenir. »

Faut-il parler à présent de l'*Almanach du club de Valois*[1], qui nous initie aux habitudes des cercles de 1790?... C'est à peu près l'organisation de ceux de nos jours : cabinet de lecture, salons de conversation et de jeu, tables d'échecs, de dames, de trictrac, de piquet, de whist, de reversis et de boston, salles pour déjeuner, dîner ou souper; boîtes spéciales pour la grande et la petite poste. Chaque membre paye un abonnement annuel quatre louis, plus six livres pour les garçons. L'article X des statuts mérite d'être reproduit. « Tout citoyen député à l'Assemblée nationale n'aura besoin, pour être admis dans le club, que d'être présenté par un membre de la société. Tant que l'Assemblée nationale durera, il ne payera aucune contribution, et si, quand elle sera séparée, il veut entrer dans la société, il ne subira aucun ballottage. Il n'est personne qui ne doive se trouver heureux de procurer quelques heures de délassement et de repos à ceux qui seront chargés du grand travail de la félicité publique,

---

[1] Paris, 1790, in-18.

et c'est une marque de respect due à la Nation que de ne pas soumettre à un scrutin particulier ceux que le scrutin des peuples aura revêtus de la confiance générale. » Ces flagorneries attirèrent entre autres dans le club de Valois Target, Chamfort, Guillotin et Cubières. Ces messieurs se considérèrent alors comme très honorés d'y fréquenter le duc d'Orléans, le duc de Fitz-James, le duc de Biron, le baron de Staël, ambassadeur de Suède, et une foule d'autres grands seigneurs.

Viennent ensuite différents almanachs qu'on peut ranger parmi les indicateurs ou guides, comme l'*Almanach général du département de Paris* [1], l'*Almanach des 83 départements* [2], l'*Annuaire ou Calendrier de la République*, l'*Almanach royal des tribunaux* [3], l'*Almanach royal de Testu* [4], l'*Almanach du juré françois* [5], rédigé par Osselin, dont le frère, curé constitutionnel à Saint-Aubin, se vantera publiquement de n'avoir appris l'exécution qu'en allant satisfaire un besoin de la nature; puis *le plus précieux de tous les Almanachs,* qui contient une recette pour se

---

1. Paris, 1791, in-12.
2. Paris, 1791-1792, in-18.
3. Paris, 1792, in-12.
4. Paris, 1792, in-18.
5. Paris, 1792, in-8°.

garantir contre les faux assignats [1], les *Étrennes pour les citoyens soldats* [2], l'*Almanach national portatif* à l'usage de Paris et des départements [3], l'*Almanach républicain perpétuel des cultivateurs* [4]; puis l'*Almanach indicatif des rues de Paris* [5]. On ne s'attendait guère à voir cet opuscule faire de la politique, et cependant c'est ce qui est arrivé. Qu'on juge de l'étonnement de ceux qui trouveraient l'*Almanach Chaix* transformé en pamphlet? C'est ce que nous avons ressenti en lisant l'Almanach des rues de Paris. Il débute ainsi : « Cette ville est devenue la première du monde entier par le choix qu'en a fait la Convention nationale pour le lieu de ses séances, et la source d'où se répandirent partout la lumière des Vertus et de la Raison, à l'aspect de laquelle le fanatisme et la tyrannie rentreront dans le néant d'où ils n'auraient jamais dû sortir !... » Ce qui est plus intéressant que cette tirade ridicule, c'est d'apprendre par cet almanach les modifications de certains noms de rues, places et établissements.

---

1. 1792.
2. 1792, in-18.
3. Paris, 1793, in-12.
4. 1793.
5. Paris, an III, in-12.

En l'an III, la rue de l'Observance est devenue la *rue de l'Ami du peuple,* la rue Sainte-Barbe la *rue Barbe,* la rue de Monsieur *rue de l'Égalité,* le carrefour de la Croix-Rouge *carrefour du Bonnet-Rouge,* la place Royale *place des Fédérés,* l'Hôtel-Dieu *Hôtel de l'Humanité,* la rue Montmartre *rue Mont-Marat,* la maison des Enfants-Trouvés *Maison des Enfans de la Patrie,* le parvis Notre-Dame *place de la Raison,* la rue Guisarde *rue des Sans-Culottes,* la seizième barrière *la barrière des Vertus,* « bien moins rares, dit encore l'almanach, chez les hommes libres qu'elles ne l'étoient parmi les esclaves ou les satellites des despotes!... » La rue de La Fayette se change en *rue du Contrat social;* la rue des Francs Bourgeois, en *rue des Francs Citoyens,* et Paris est divisé en 48 sections qui prennent les noms des *Piques,* du *Mont-Blanc,* de *Brutus,* de *Guillaume Tell,* de *Mutius Scœvola,* de *Lazowski,* du *Contrat social,* etc.

Mentionnons en finissant l'*Almanach des Bergers*[1], l'*Almanach journalier,* l'*Almanach des Prisons*[2] dont tout le monde a parlé, l'*Almanach des Campagnes* ou l'*Ami du Cultivateur*[3], l'Al-

---

1. 1794.
2. Paris, par Coissin, an III, in-32 (2 parties).
3. 1794.

manach chronologique [1], le Petit Almanach agricole, l'Almanach de santé [2], l'Almanach géographique [3], etc. Nous en oublions quelques-uns; mais il est presque impossible d'établir une bibliographie complète des almanachs [4].

L'un de ces derniers, secs et techniques [5], nous fournira une anecdote assez plaisante. Nous la donnons telle que nous l'y trouvons : ce sera, si l'on veut, le mot de la fin, découvert au milieu des pronostications journalières, des foires provinciales et des règles pour conjecturer du temps propre à faire des remèdes.

« — Une femme se confessait à un religieux et s'accusait de mettre du rouge. « A quoi bon ? — Pour embellir mon visage. — Cela vous rend donc plus belle ? — Je le crois. » Le religieux fait sortir sa pénitente du confessionnal, et la regar-

---

1. Paris, par Richer, an IV-VII, in-16.
2. 1797.
3. 1789, in-18.
4. Voir ci-après une bibliographie des principaux almanachs de la Révolution.
5. *Almanach journalier* pour l'année 1794, supputé par M° Mathieu Laensberg, chez S. Bourguignon, imprimeur, à Liège.

dant au grand jour : « Continuez, lui dit-il, à mettre du rouge !... »

On ne pouvait terminer une étude sur des Almanachs que par une anecdote.

PIÈCES ANNEXES

L'ARRESTATION DE MESDAMES

A ARNAY-LE-DUC

oici la vérité historique sur cette affaire, dont Gorsas avait parlé dans le *Courrier des 83 départements*. (Voyez 1re partie : les *Almanachs politiques*, pages 75-77.)

Le 23 février 1791, Mesdames, tantes du Roi, se rendant en Italie, avaient quitté Bellevue. Elles éprouvèrent quelques difficultés à Moret, mais, après une courte opposition de la part des habitants, elles continuèrent leur route et allèrent coucher à Auxerre. Pendant ce temps, la municipalité parisienne, les dames de la Halle, les Parisiens, les membres de l'Assemblée s'agitaient confusément au sujet de ce voyage, et adressaient force représentations au Roi. Le 24 février, le ministre de l'Intérieur, M. Delessart, écrivit à l'Assemblée que Mesdames venaient d'être arrêtées à Arnay-le-Duc, et que le Roi considérait cette arrestation comme une atteinte à la liberté des citoyens. L'abbé Maury protesta contre l'action de la municipalité d'Arnay-le-Duc, que M. Regnault considéra, de son côté, comme l'acte d'un patriotisme exalté. Barnave ajouta qu'on ne pouvait lui reprocher que l'inconsidération de son zèle. Au milieu de la plus ardente agitation, et après cette réflexion de M. Menou « Je crois que l'Europe sera bien étonnée d'apprendre que l'Assemblée nationale s'est occupée pendant quatre heures du départ de deux dames qui aiment mieux entendre la messe à Rome qu'à Paris », on adopta à la presque unanimité le projet de décret présenté par Mirabeau : « L'Assemblée nationale, considérant qu'aucune loi existante du royaume ne s'oppose au libre voyage de Mesdames, tantes du Roi, déclare qu'il n'y a pas lieu à délibérer sur le procès-verbal de la commune d'Arnay-le-Duc et renvoie l'affaire au Pouvoir exécutif. » La municipalité d'Arnay-le-Duc persista dans son refus de laisser passer Mesdames, et M. Delessart fut contraint d'écrire, le 1er mars 1791, aux administrateurs de la Côte-d'Or, qu'il allait donner des ordres pour poursuivre ceux qui se montreraient réfractaires à la loi.

C'est à propos de ce voyage semé d'incidents que Marchant avait écrit sa piquante histoire des chemises et ridiculisé Gorsas.

RAPPORT

DE

Ph. Fr. Na. FABRE D'ÉGLANTINE

Au nom du Comité d'Instruction publique.

(V. première partie : *les Almanachs politiques*, II.)

La régénération du peuple françois, l'établissement de la République ont entraîné nécessairement la réforme de l'ère vulgaire. Nous ne pouvions plus compter les années où les rois nous opprimoient comme un tems où nous avions vécu. Les préjugés du trône et de l'Église, les mensonges de l'un et de l'autre souilloient chaque page du calendrier dont nous nous servions. Vous avez réformé ce calendrier, vous lui en avez substitué un autre, où le temps est mesuré par des calculs plus exacts et plus symétriques; ce n'est pas assez. Une longue habitude du calendrier grégorien a rempli la mémoire du peuple d'un nombre considérable d'images qu'il a longtemps révérées, et qui sont encore aujourd'hui la source de ses erreurs religieuses ; il est donc nécessaire de substituer à ces visions de l'ignorance, les réalités de la raison, et au prestige sacerdotal, la vérité de la nature. Nous ne concevons rien que par des images : dans l'analyse la plus abstraite, dans la combinaison la plus métaphysique, notre entendement ne se rend compte que par des images; notre mémoire ne s'appuie et ne se repose que sur des images. Vous devez donc en appliquer à votre nouveau calendrier, si vous voulez que la méthode et l'ensemble de ce calendrier pénètrent avec facilité dans l'entendement du peuple, et se gravent avec rapidité dans son souvenir.

Ce n'est pas seulement à ce but que vous devez tendre; vous ne devez, autant qu'il est en vous, laisser rien pénétrer dans l'entendement du peuple, en matière d'institution, qui ne porte un grand caractère d'utilité publique. Ce vous doit être une heureuse occasion à saisir, que de ramener par le calendrier, livre le plus usuel de tous, le peuple françois à l'agriculture. L'agriculture est l'élément politique d'un peuple tel que nous, que la terre, le ciel et la nature regardent avec tant d'amour et de prédilection.

Lorsqu'à chaque instant de l'année, du mois, de la décade et du jour, les regards et la pensée du citoyen se porteront sur une image agricole, sur un bienfait de la nature, sur un objet d'économie rurale, vous ne devez pas douter que ce ne soit, pour la nation, un grand acheminement vers le système agricole, et que chaque citoyen ne conçoive de l'amour pour les présens réels et effectifs de la nature qu'il savoure, puisque pendant des siècles, le peuple en a conçu pour des objets fantastiques, pour de prétendus saints qu'il ne voyoit pas, et qu'il connoissoit encore moins. Je dis plus : les prêtres n'étoient parvenus à donner de la consistance à leurs idoles, qu'en attribuant à chacune quelque influence directe sur les objets qui intéressent réellement le peuple ; c'est ainsi que saint Jean étoit le distributeur des moissons et saint Marc le protecteur de la vigne.

Si pour appuyer la nécessité de l'empire des images sur l'intelligence humaine, les argumens m'étoient nécessaires, sans entrer dans les analyses métaphysiques, la théorie, la doctrine et l'expérience des prêtres me présenteroient des faits suffisans.

Par exemple : les prêtres, dont le but universel et définitif est et sera toujours de subjuguer l'espèce humaine et de l'enchaîner sous leur empire, les prêtres instituoient-ils la Commémoration des morts; c'étoit pour nous inspirer du dégoût pour les richesses terrestres et mondaines, afin d'en jouir plus abondamment eux-mêmes ; c'étoit pour nous mettre sous leur dépendance par la fable et les images du purgatoire. Mais voyez ici leur adresse à se saisir de l'imagination des hommes, et à la gouverner à leur gré. Ce n'est point sur un théâtre riant de fraîcheur et de gaieté, qui nous eût fait chérir la vie et ses délices, qu'ils jouoient cette farce, c'est le second de novembre qu'ils nous amenoient sur les tombeaux de nos pères; c'est lorsque le départ des beaux jours, un ciel triste et grisâtre, la décoloration de la terre et la chute des feuilles remplissoient notre âme de mélancolie et de tristesse; c'est à cette époque que, profitant des adieux de la nature, ils s'emparoient de nous, pour nous promener à travers l'Avent et leurs prétendues fêtes multipliées, sur tout ce que leur impudence avoit imaginé de mystique pour les prédestinés, c'est-à-dire les imbéciles, et de terrible pour le pécheur, c'est-à-dire le clairvoyant.

Les prêtres, ces hommes, en apparence, ennemis si cruels des passions humaines et des sentiments les plus doux, vouloient-ils les tourner à leur profit? Vouloient-ils que l'indocilité domestique des jeunes amans, la coquetterie de l'un et de l'autre sexe, l'amour de la parure, la vanité, l'ostentation et tant d'autres affections du bel âge ramenassent la jeunesse à l'esclavage religieux : ce n'est point dans l'hiver qu'ils l'attiroient à se produire en spectacle; c'est dans les jours les plus beaux, les plus longs et les plus effervescens de l'année, qu'ils avoient placé, avec profusion, des cérémonies triomphales et publiques, sous le nom de *Fête-Dieu;* cérémonies où leur habileté avoit introduit tout ce que la mondanité, le luxe et la parure ont de plus séduisant : bien sûrs qu'ils étoient de la dévotion des filles, qui, dans ce jour, seroient moins surveillées; bien sûrs qu'ils étoient que les sexes, plus à même de se mêler, de se montrer l'un à l'autre, que les coquettes, les vaniteuses, plus à même de se produire et de jouir de l'étalage nécessaire à leurs passions, avaleroient avec le plaisir, le poison de la superstition.

Les prêtres enfin, toujours pour le bénéfice de leur domination, vouloient-ils subjuguer complètement la masse des cultivateurs, c'est-à-dire presque tout le peuple : c'est la passion de l'intérêt qu'ils mettoient en jeu, en frappant la crédulité des hommes par les images les plus grandes. Ce n'est point sous un soleil brûlant et insupportable qu'ils appeloient le peuple dans les campagnes; les moissons alors sont serrées, l'espoir du laboureur est rempli; la séduction n'eût été qu'imparfaite : c'est dans le joli mois de mai, c'est au moment où le soleil naissant n'a point encore absorbé la rosée et la fraîcheur de l'aurore, que les prêtres, environnés de superstition et de recueillement, traînoient les peuplades entières et crédules au milieu des campagnes ; c'est là que, sous le nom de *Rogations*, leur ministère s'interposoit entre le ciel et nous ; c'est là, qu'après avoir à nos yeux déployé la nature dans sa plus grande beauté, qu'après avoir étalé la terre dans toute sa parure, ils sembloient nous dire, et nous disoient effectivement : « C'est nous, prêtres, « qui avons reverdi ces campagnes ; c'est nous qui « fécondons ces champs d'une si belle espérance ; « c'est par nous que vos greniers se rempliront : « croyez-nous, respectez-nous, obéissez-nous, enri-« chissez-nous ; sinon la grêle et le tonnerre, dont « nous disposons, vous puniront de votre incrédu-« lité, de votre indocilité, de votre désobéissance ! » Alors le cultivateur, frappé par la beauté du spectacle et la richesse des images, croyoit, se taisoit, obéissoit et facilement attribuoit à l'imposture des prêtres les miracles de la nature.

Telle fut parmi nous l'habileté sacerdotale ; telle est l'influence des images.

La commission, que vous avez nommée pour rendre le nouveau calendrier plus sensible à la pensée et plus accessible à la mémoire, a donc cru qu'elle rempliroit son but, si elle parvenoit à frapper l'imagination par les dénominations, et à instruire par la nature et la série des images.

L'idée première qui nous a servi de base, est de consacrer, par le calendrier, le système agricole, et d'y ramener la nation, en marquant les époques et les fractions de l'année par des signes intelligibles ou visibles pris dans l'agriculture et l'économie rurale.

Plus il est présenté de stations et de points d'appui à la mémoire, plus elle opère avec facilité : en conséquence, nous avons imaginé de donner à chacun des mois de l'année un nom caractéristique, qui exprimât la température qui lui est propre, le genre de productions actuelles de la terre, et qui tout à la fois fît sentir le genre de saison où il se trouve dans les quatre dont se compose l'année.

Ce dernier effet est produit par quatre désinences affectées chacune à trois mois consécutifs, et produisant quatre sons, dont chacun indique à l'oreille la saison à laquelle il est appliqué.

Nous avons cherché même à mettre à profit l'harmonie imitative de la langue dans la composition et la prosodie des mots et dans le mécanisme de leurs désinences, de telle manière que les noms des mois qui composent l'automne ont un son grave et une mesure moyenne, ceux de l'hiver un son lourd et une mesure longue, ceux du printemps un son gai et une mesure brève, et ceux de l'été un son sonore et une mesure large.

Ainsi, les trois premiers mois de l'année, qui composent l'automne, prennent leur étymologie : le premier des vendanges, qui ont lieu de septembre en octobre: ce mois se nomme *vendémiaire;* le second, des brouillards et des brumes basses qui sont, si je puis m'exprimer ainsi, la transsudation de la nature d'octobre en novembre : ce mois se nomme *brumaire;* le troisième, du froid, tantôt sec, tantôt humide, qui se fait sentir de novembre en décembre; ce mois se nomme *frimaire.*

Les trois mois de l'hiver prennent leur étymologie, le premier de la neige qui blanchit la terre de décembre en janvier : ce mois se nomme *nivôse;* le second, des pluies qui tombent généralement avec plus d'abondance de janvier en février : ce mois se nomme *pluviôse;* le troisième, des giboulées qui ont lieu, et du vent qui vient sécher la terre de février en mars : ce mois se nomme *ventôse.*

Les trois mois du printemps prennent leur étymologie, le premier, de la fermentation et du développement de la sève de mars en avril : ce mois se nomme *germinal;* le second, de l'épanouissement des fleurs d'avril en mai : ce mois se nomme *floréal;* le troisième, de la fécondité riante et de la récolte des prairies de mai en juin : ce mois se nomme *prairial.*

Les trois mois de l'été enfin prennent leur étymologie, le premier, de l'aspect des épis ondoyans et des moissons dorées qui couvrent les champs de juin en juillet : ce mois se nomme *messidor;* le second, de la chaleur tout à la fois solaire et terrestre, qui embrase l'air de juillet en août : ce mois se nomme *thermidor;* le troisième, des fruits que le soleil dore et mûrit d'août en septembre : ce mois se nomme *fructidor.* Ainsi donc les noms des mois sont :

Automne.	Hiver.
Vendémiaire.	Nivôse.
Brumaire.	Pluviôse.
Frimaire.	Ventôse.
Printemps.	Été.
Germinal.	Messidor.
Floréal.	Thermidor.
Prairial.	Fructidor.

Il résulte de ces dénominations, ainsi que je l'ai dit, que, par la seule prononciation du nom du mois, chacun sentira parfaitement trois choses et tous leurs rapports, le genre de saison où il se trouve, la température et l'état de la végétation. C'est ainsi que dès le premier de *germinal* il se peindra sans effort à l'imagination, par la terminaison du mot, que le printemps commence ; par la construction et l'image que présente le mot, que les agens élémentaires travaillent ; par la signification du mot, que les germes se développent.

Après la dénomination des mois, nous nous sommes occupés des fractions du mois ; et nous avons vu que les fractions des mois étant périodiques, et revenant trois fois par mois et trente-six fois par an, étoient déjà fort bien nommées *décades*, ou révolution de dix jours ; que ce mot générique convenoit à une chose qui, trente-six fois répétée, ne pourroit être représentée à l'oreille par des images locales, sans entraîner la confusion ; que d'ailleurs des décades, n'étant que des fractions numériques, ne doivent avoir qu'une dénomination commune et numérique dans tout le cours de l'année, et qu'il suffit du nom du mois pour donner à chaque période de trois décades la couleur des images et des accidens des mois qui les renferment.

Quant aux jours, nous avons observé qu'ils avoient quatre mouvemens complexes, qui devoient être empreints bien distinctement dans notre mémoire et présens à la pensée, de quatre manières différentes. Ces quatre mouvemens sont le mouvement diurne ou le passage d'un jour à l'autre, le mouvement décadaire ou le passage d'une décade à l'autre, le mouvement mensiaire ou le passage d'un mois à l'autre, et le mouvement annuel ou la période solaire.

Le défaut du calendrier, tel que vous l'avez décrété, est de ne signaler les jours, les décades, les mois et l'année que par une même dénomination, par les nombres ordinaux; de sorte que le chiffre 1, qui n'offre qu'une quantité abstraite et point d'image, s'applique également à l'année, au mois, à la semaine et au jour, si bien qu'il a fallu dire : le premier jour de la première décade du premier mois de la première année; locution abstraite, sèche, vide d'idées, pénible par sa prolixité, et confuse dans l'usage civil, surtout après l'habitude du calendrier grégorien.

Nous avons pensé qu'à l'instar du calendrier grégorien, dont les sept jours de la semaine portent l'empreinte de l'astrologie judiciaire (préjugé ridicule qu'il faut rejeter), nous devions créer des noms pour chacun des jours de la décade; nous avons pensé encore que puisque ces noms se répétoient chacun trente-six fois par an, il fallait les priver d'images, qui, locales pour leur essence, demeureroient sans rapport avec les trente-six stations de chacun de ces noms; enfin, nous nous sommes aperçus que ce seroit un grand appui pour la mémoire, si nous venions à bout, en distinguant les noms des jours de la décade des nombres ordinaux, de conserver néanmoins la signification de ces nombres dans un mot composé, de sorte que nous puissions profiter tout à la fois, dans le même mot, et des nombres, et d'un nom différent des nombres.

Ainsi nous disons pour exprimer les dix jours de la décade :

Primidi.	Sextidi.
Duodi.	Septidi.
Tridi.	Octidi.
Quartidi.	Nonidi.
Quintidi.	Décadi.

De cette manière, la différence de *primidi* à *duodi*, exprime le passage du premier au second jour de la décade. Voilà le premier mouvement des jours. Les nombres ordinaux, depuis 1 jusqu'à 30, expriment le troisième mouvement, le mouvement mensiaire ; la combinaison de ces nombres ordinaux avec les noms *primidi, duodi*, etc., exprime le second mouvement, le mouvement décadaire ; ainsi 11 du mois et *primidi*, présenteront l'idée du premier jour de la seconde décade, ainsi de suite.

L'avantage bien sensible que l'on va retirer de la conservation des nombres ordinaux, dans les composés *primidi, duodi, tridi*, etc., est que le quantième du mois sera toujours présent à la mémoire, sans qu'il soit besoin de recourir au calendrier matériel.

Par exemple, il suffit de savoir que le jour actuel est *tridi*, pour être certain que c'est aussi le 3 ou le 13, ou le 23 du mois, comme avec *quartidi*, le 4 ou le 14, ou le 24 du mois ; ainsi de suite.

On sait toujours à peu près si le mois est à son commencement, à son milieu ou à sa fin : ainsi, l'on dira *tridi* est le 3 au commencement du mois, le 13 au milieu, le 23 à la fin.

Or ce calcul très-simple ne pourroit s'effectuer, si les nombres ordinaux, qui sont ici les dénominateurs du quantième, n'entroient point dans la composition du nom des jours de la décade.

Il nous reste à exprimer le quatrième mouvement qui est le mouvement annuel. C'est ici que nous allons rentrer dans notre notre idée fondamentale, et puiser, dans l'agriculture, de quoi reposer la mémoire et répandre l'instruction rurale dans la supputation et le cours de l'année.

Il faut d'abord remarquer qu'il est deux manières

de frapper l'entendement dans la composition d'un calendrier : on le frappe mémorialement et par la parole ; alors il faut que les divisions et les dénominations soient de nature à être retenues, comme on dit, par cœur, et c'est à quoi nous pensons avoir pourvu dans la dénomination des saisons, des mois et des jours de décade ; on frappe encore l'entendement par la lecture, et ici la mémoire n'a plus à opérer. Le calendrier étant une chose à laquelle on a si souvent recours, il faut profiter de la fréquence de cet usage, pour glisser parmi le peuple les notions rurales élémentaires, pour lui montrer les richesses de la nature, pour lui faire aimer les champs, et lui désigner avec méthode l'ordre des influences du ciel et des productions de la terre.

Les prêtres avoient assigné à chaque jour de l'année la commémoration d'un prétendu saint ; ce catalogue ne présentoit ni utilité ni méthode ; il étoit le répertoire du mensonge, de la duperie ou du charlatanisme.

Nous avons pensé que la nation, après avoir chassé cette foule de canonisés de son calendrier, devoit y retrouver en place tous les objets qui composent la véritable richesse nationale, les dignes objets, sinon de son culte, au moins de sa culture ; les utiles productions de la terre, les instrumens dont nous nous servons pour la cultiver, et les animaux domestiques, nos fidèles serviteurs dans ces travaux ; animaux bien plus précieux, sans doute, aux yeux de la raison, que les squelettes béatifiés tirés des catacombes de Rome.

En conséquence, nous avons rangé par ordre dans la colonne de chaque mois, les noms des vrais trésors de l'économie rurale. Les grains, les pâturages, les arbres, les racines, les fleurs, les fruits, les plantes sont disposés dans le calendrier, de manière que la place et le quantième que chaque production occupe, est précisément le temps et le jour où la nature nous en fait présent.

A chaque *quintidi*, c'est-à-dire, à chaque demi-décade, les 5, 15 et 25 de chaque mois, est inscrit un animal domestique, avec rapport précis entre la date de cette inscription et l'utilité réelle de l'animal inscrit.

Chaque *décadi* est marqué par le nom d'un instrument aratoire, le même dont l'agriculteur se sert, au temps précis où il est placé ; de sorte que, par opposition, le laboureur, dans le jour de repos, retrouvera consacré, dans le calendrier, l'instrument qu'il doit reprendre le lendemain : idée, ce me semble, touchante, qui ne peut qu'attendrir nos nourriciers, et leur montrer enfin, qu'avec la république est venu le tems où un laboureur est plus estimé que tous les rois de la terre ensemble, et l'agriculture comptée comme le premier des arts de la société civile.

Il est aisé de voir qu'au moyen de cette méthode, il n'y aura pas de citoyen en France, qui, dès sa plus tendre jeunesse, n'ait fait insensiblement, et sans s'en apercevoir, une étude élémentaire de l'économie rurale ; il n'est pas même aujourd'hui de citadin, homme fait, qui ne puisse en peu de jours apprendre dans ce calendrier, ce qu'à la honte de nos mœurs il a ignoré jusqu'à cette heure ; apprendre, dis-je, en quel tems la terre nous donne telle production, et en quel tems telle autre. J'ose dire ici que c'est ce que n'ont jamais su bien des gens, très instruits dans plus d'une science urbaine, fastueuse ou frivole.

Je dois observer qu'il est un mois dans l'année où la terre est scellée, et communément couverte de neige, c'est le mois *nivôse :* c'est le tems du repos de la terre ; ne pouvant trouver sur sa surface de production végétale et agricole pour figurer dans ce mois, nous y avons substitué les productions, les substances du règne animal et minéral, immédiatement utiles à l'agriculture ; nous avons cru que rien de ce qui est précieux à l'économie rurale ne devoit échapper aux hommages et aux méditations de tout homme qui veut être utile à sa patrie.

Il reste à vous parler des jours d'abord nommés *épagomènes*, ensuite *complémentaires.* Ce mot n'étoit que didactique, par conséquent sec, muet pour l'imagination ; il ne présentoit au peuple qu'une idée froide, qu'il rend vulgairement lui-même par la périphrase de *solde de compte*, ou par le barbarisme de *définition*. Nous avons pensé qu'il falloit pour ces cinq jours une dénomination collective, qui portât un caractère national, capable d'exprimer la joie et l'esprit du peuple françois, dans les cinq jours de fête qu'il célébrera au terme de chaque année.

Il nous a paru possible, et surtout juste, de consacrer par un mot nouveau l'expression de *sans-culotte* qui en seroit l'étymologie. D'ailleurs, une recherche, aussi intéressante que curieuse, nous apprend que les aristocrates, en prétendant nous avilir par l'expression de *sans-culotte*, n'ont pas eu même le mérite de l'invention.

Dès la plus haute antiquité, les Gaulois, nos aïeux, s'étoient fait honneur de cette dénomination. L'histoire nous apprend qu'une partie de la Gaule, dite ensuite *Lyonnaise* (la patrie des Lyonnais) étoit appelée la Gaule culottée, *Gallia braccata :* par conséquent le reste des Gaules, jusqu'aux bords du Rhin, étoit la Gaule non culottée ; nos pères dès lors étoient donc des sans-culottes. Quoi qu'il en soit de l'origine de cette dénomination antique ou moderne, illustrée par la liberté, elle doit nous être chère : c'en est assez pour la consacrer solennellement.

Nous appellerons donc les cinq jours collectivement pris : les SANCULOTTIDES.

Les cinq jours des *sanculottides*, composant une demi-décade, seront dénommés *Primidi, Duodi, Tridi, Quartidi, Quintidi;* et dans l'année bissextile le sixième jour *Sextidi :* le lendemain, l'année recommencera par *Primidi* premier de *Vendémiaire.*

Nous terminerons ce rapport par l'idée que nous avons conçue relativement aux cinq fêtes consécutives des *sanculottides;* nous ne vous en développerons que la nature. Nous vous proposerons seulement d'en décréter le principe et le nom, et d'en renvoyer la disposition et le mode à votre comité d'Instruction.

Le *Primidi*, premier des *sanculottides*, sera consacré à l'attribut le plus précieux et le plus relevé de l'espèce humaine, à l'*intelligence* qui nous distingue du reste de la création. Les conceptions les plus grandes, les plus utiles à la patrie, sous quelque rapport que ce puisse être, soit dans les arts, les sciences, les métiers, soit en matière de législation, de philosophie ou de morale, en un mot, tout ce qui tient à l'invention et aux opérations créatrices de l'esprit humain, sera préconisé publiquement et avec une pompe nationale, ce jour *Primidi*, premier des *sanculottides.*

Cette fête s'appellera la *fête du Génie.*

Le *Duodi*, deuxième des *sanculottides*, sera consacré à l'industrie et à l'activité laborieuse; les actes de constance dans le labeur, de longanimité dans la confection des choses utiles à la patrie, enfin tout ce qui aura été fait de bon, de beau et de grand dans les opérations manuelles ou mécaniques, et dont la société peut retirer de l'avantage, sera préconisé publiquement et avec une pompe nationale, ce jour *Duodi*, deuxième des *sanculottides*.

Cette fête s'appellera *la fête du Travail*.

Le *Tridi*, troisième des *sanculottides*, sera consacré aux grandes, aux belles, aux bonnes actions individuelles : elles seront préconisées publiquement et avec une pompe nationale; cette fête s'appellera *la fête des Actions*.

Le *Quartidi*, quatrième des *sanculottides*, sera consacré à la cérémonie du témoignage public et de la gratitude nationale envers ceux qui, dans les trois jours précédens, auront été préconisés, et auront mérité les bienfaits de la nation; la distribution en sera faite publiquement et avec une pompe nationale, sans autre distinction entre les préconisés que celle de la chose même, et du prix plus ou moins grand qu'elle aura mérité.

Cette fête s'appellera *la fête des Récompenses*.

Le *Quintidi*, cinquième et dernier des *sanculottides*, se nommera la *fête de l'Opinion*.

Ici s'élève un tribunal d'une espèce nouvelle, et tout à la fois gaie et terrible.

Tant que l'année a duré, les fonctionnaires publics, dépositaires de la loi et de la confiance nationale, ont dû prétendre et ont obtenu le respect du peuple et sa soumission aux ordres qu'ils ont donnés au nom de la loi; ils ont dû se rendre dignes non seulement de ce respect, mais encore de l'estime et de l'amour de tous les citoyens: s'ils y ont manqué, qu'ils prennent garde à la fête de l'Opinion, malheur à eux! Ils seront frappés, non dans leur fortune, non dans leur personne, non même dans le plus petit de leurs droits de citoyen, mais dans l'opinion. Dans le jour unique et solennel de la fête de l'Opinion, la loi ouvre la bouche à tous les citoyens sur le moral, le personnel et les actions des fonctionnaires publics; la loi donne carrière à l'imagination plaisante et gaie des François. Permis à l'opinion dans ce jour de se manifester sur ce chapitre de toutes les manières : les chansons, les allusions, les caricatures, les pasquinades, le sel de l'ironie, les sarcasmes de la folie seront, dans ce jour, le salaire de celui des élus du peuple qui l'aura trompé ou qui s'en sera fait mésestimer ou haïr. L'animosité particulière, les vengeances privées ne sont point à redouter ; l'opinion elle-même feroit justice du téméraire détracteur d'un magistrat estimé.

C'est ainsi que par son caractère même, par sa gaieté naturelle, le peuple françois conservera ses droits et sa souveraineté; on corrompt les tribunaux, on ne corrompt pas l'opinion. Nous osons le dire, ce seul jour de fête contiendra mieux les magistrats dans leur devoir, pendant le cours de l'année, que ne le feroient les lois même de Dracon et tous les tribunaux de France. La plus terrible et la plus profonde des armes françoises contre les François, c'est le ridicule : le plus politique des tribunaux, c'est celui de l'opinion ; et si l'on veut approfondir cette idée et en combiner l'esprit avec le caractère national, on trouvera que cette fête de l'Opinion seule est le bouclier le plus efficace contre les abus et les usurpations de toute espèce.

Telle est la nature des cinq fêtes des *sanculottides* : tous les quatre ans, au terme de l'année bissextile, le *sextidi* ou sixième jour des *sanculottides*, des jeux nationaux seront célébrés. Cette époque d'un jour sera par excellence nommée LA SANCULOTTIDE, et c'est assurément le nom le plus analogue au rassemblement des diverses portions du peuple françois, qui viendront de toutes les parties de la République célébrer à cette époque la liberté, l'égalité, cimenter dans leurs embrassemens la fraternité françoise, et jurer au nom de tous, sur l'autel de la Patrie, de vivre et de mourir libres et en braves *sans-culottes*. »

(*Nous donnons ci-après* l'ANNUAIRE OU CALENDRIER DE LA RÉPUBLIQUE FRANÇAISE, décrété le 5 octobre 1793, régularisé par la loi du 4 frimaire an II et appliqué jusqu'au 11 nivôse an XIV [1er janvier 1806] [*].)

---

[*] Ce calendrier commençait le 1er vendémiaire an I, c'est-à-dire le 22 septembre 1792, date de la fondation de la République.

VENDÉMIAIRE, PREMIER MOIS.

1	Primedi.	Raisin.	16	Sextidi.	Belle-de-nuit.
2	Duodi.	Safran.	17	Septidi.	Citrouille.
3	Tridi.	Châtaigne.	18	Octidi.	Sarrasin.
4	Quartidi.	Colchique.	19	Nonidi.	Tournesol.
5	*Quintidi.*	CHEVAL.	20	DÉCADI.	PRESSOIR.
6	Sextidi.	Balsamine.	21	Primedi.	Chanvre.
7	Septidi.	Carotte.	22	Duodi.	Pêche.
8	Octidi.	Amarante.	23	Tridi.	Navet.
9	Nonidi.	Panais.	24	Quartidi.	Amaryllis.
10	DÉCADI.	CUVE.	25	*Quintidi.*	BŒUF.
11	Primedi.	Pom. de terre.	26	Sextidi.	Aubergine.
12	Duodi.	Immortelle.	27	Septidi.	Piment.
13	Tridi.	Potiron.	28	Octidi.	Tomate.
14	Quartidi.	Réséda.	29	Nonidi.	Orge.
15	*Quintidi.*	ANE.	30	DÉCADI.	TONNEAU.

BRUMAIRE, SECOND MOIS.

1	Primedi.	Pomme.	16	Sextidi.	Chervi.
2	Duodi.	Céleri.	17	Septidi.	Cresson.
3	Tridi.	Poire.	18	Octidi.	Dentelaire.
4	Quartidi.	Betterave.	19	Nonidi.	Grenade.
5	*Quintidi.*	OIE.	20	DÉCADI.	HERSE.
6	Sextidi.	Héliotrope.	21	Primedi.	Bacchante.
7	Septidi.	Figue.	22	Duodi.	Azerole.
8	Octidi.	Scorsonère.	23	Tridi.	Garance.
9	Nonidi.	Alisier.	24	Quartidi.	Orange.
10	DÉCADI.	CHARRUE.	25	*Quintidi.*	FAISAN.
11	Primedi.	Salsifis.	26	Sextidi.	Pistache.
12	Duodi.	Macre.	27	Septidi.	Macjonc.
13	Tridi.	Topinambour.	28	Octidi.	Coing.
14	Quartidi.	Endive.	29	Nonidi.	Cormier.
15	*Quintidi.*	DINDON.	30	DÉCADI.	ROULEAU.

FRIMAIRE, TROISIÈME MOIS

1	Primedi.	Raiponce.
2	Duodi.	Turneps.
3	Tridi.	Chicorée.
4	Quartidi.	Nèfle.
5	*Quintidi.*	COCHON.
6	Sextidi	Mâche.
7	Septidi.	Chou-fleur.
8	Octidi.	Miel.
9	Nonidi.	Genièvre.
10	*Décadi.*	PIOCHE.
11	Primedi.	Cire.
12	Duodi.	Raifort.
13	Tridi.	Cèdre.
14	Quartidi.	Sapin.
15	*Quintidi.*	CHEVREUIL.
16	Sextidi.	Ajonc.
17	Septidi.	Cyprès.
18	Octidi.	Lierre.
19	Nonidi.	Sabine.
20	*Décadi.*	HOYAU.
21	Primedi.	Érable-sucre.
22	Duodi.	Bruyère.
23	Tridi.	Roseau.
24	Quartidi.	Oseille.
25	*Quintidi.*	GRILLON.
26	Sextidi.	Pignon.
27	Septidi.	Liège.
28	Octidi.	Truffe.
29	Nonidi.	Olive.
30	*Décadi.*	PELLE.

NIVOSE, QUATRIÈME MOIS

1	Primedi.	Tourbe.
2	Duodi.	Houille.
3	Tridi.	Bitume.
4	Quartidi.	Soufre.
5	*Quintidi.*	CHIEN.
6	Sextidi.	Lave.
7	Septidi.	Terre végétale.
8	Octidi.	Fumier.
9	Nonidi.	Salpêtre.
10	*Décadi.*	FLÉAU.
11	Primedi.	Granit.
12	Duodi.	Argile.
13	Tridi.	Ardoise.
14	Quartidi.	Grès.
15	*Quintidi.*	LAPIN.
16	Sextidi.	Silex.
17	Septidi.	Marne.
18	Octidi.	Pierre à chaux.
19	Nonidi.	Marbre.
20	*Décadi.*	VAN.
21	Primedi.	Pierre à plâtre.
22	Duodi.	Sel.
23	Tridi.	Fer.
24	Quartidi.	Cuivre.
25	*Quintidi.*	CHAT.
26	Sextidi.	Étain.
27	Septidi.	Plomb.
28	Octidi.	Zinc.
29	Nonidi.	Mercure.
30	*Décadi.*	CRIBLE.

PLUVIOSE, CINQUIÈME MOI

1	Primedi.	Lauréole.	16	Sextidi.	Buis.
2	Duodi.	Mousse.	17	Septidi.	Lichen.
3	Tridi.	Fragon.	18	Octidi.	If.
4	Quartidi.	Perce-neige.	19	Nonidi.	Pulmonaire.
5	Quintidi.	TAUREAU.	20	Décadi.	SERPETTE.
6	Sextidi.	Laur.-thym.	21	Primedi.	Thlaspi.
7	Septidi.	Amadouvier.	22	Duodi.	Thymélé.
8	Octidi.	Mezerdon.	23	Tridi.	Chiendent.
9	Nonidi.	Peuplier.	24	Quartidi.	Traînasse.
10	Décadi.	COIGNÉE.	25	Quintidi.	LIÈVRE.
11	Primedi.	Ellébore.	26	Sextidi.	Guède.
12	Duodi.	Brocoli.	27	Septidi.	Noisetier.
13	Tridi.	Laurier.	28	Octidi.	Cyclamen.
14	Quartidi.	Avelinier.	29	Nonidi.	Chélidoine.
15	Quintidi.	VACHE.	30	Décadi.	TRAINEAU.

VENTOSE, SIXIÈME MOIS

1	Primedi.	Tussilage.	16	Sextidi.	Epinards.
2	Duodi.	Cornouiller.	17	Septidi.	Doronic.
3	Tridi.	Violier.	18	Octidi.	Mouron.
4	Quartidi.	Troène.	19	Nonidi.	Cerfeuil.
5	Quintidi.	Bouc.	20	Décadi.	CORDEAU.
6	Sextidi.	Asaret.	21	Primedi.	Mandragore.
7	Septidi.	Alaterne.	22	Duodi.	Persil.
8	Octidi.	Violette.	23	Tridi.	Cochléaria.
9	Nonidi.	Marceau.	24	Quartidi.	Pâquerette.
10	Décadi.	BÊCHE.	25	Quintidi.	THON.
11	Primedi.	Narcisse.	26	Sextidi.	Pissenlit.
12	Duodi.	Orme.	27	Septidi.	Silvie.
13	Tridi.	Fumeterre.	28	Octidi.	Capillaire.
14	Quartidi.	Velar.	29	Nonidi.	Frêne.
15	Quintidi.	CHÈVRE.	30	Décadi.	PLANTOIR.

GERMINAL, SEPTIÈME MOIS

1	Primedi.	Primevère.	16	Sextidi.	Laitue.
2	Duodi.	Platane.	17	Septidi.	Mélèze.
3	Tridi.	Asperge.	18	Octidi.	Ciguë.
4	Quartidi.	Tulipe.	19	Nonidi.	Radis.
5	Quintidi.	POULE.	20	DÉCADI.	RUCHE.
6	Sextidi.	Bette.	21	Primedi.	Gainier.
7	Septidi.	Bouleau.	22	Duodi.	Romaine.
8	Octidi.	Jonquille.	23	Tridi.	Marronnier.
9	Nonidi.	Aulne.	24	Quartidi.	Roquette.
10	DÉCADI.	COUVOIR.	25	Quintidi.	PIGEON.
11	Primedi.	Pervenche.	26	Sextidi.	Lilas.
12	Duodi.	Charme.	27	Septidi.	Anémone.
13	Tridi.	Morille.	28	Octidi.	Pensée.
14	Quartidi.	Hêtre.	29	Nonidi.	Myrtile.
15	Quintidi	ABEILLE.	30	DÉCADI.	GREFFOIR.

FLORÉAL, HUITIÈME MOIS

1	Primedi.	Rose.	16	Sextidi.	Consoude.
2	Duodi.	Chêne.	17	Septidi.	Pimprenelle.
3	Tridi.	Fougère.	18	Octidi.	Corbeille d'or.
4	Quartidi.	Aubépine.	19	Nonidi.	Arroche.
5	Quintidi.	ROSSIGNOL.	20	DÉCADI.	SARCLOIR.
6	Sextidi.	Ancolie.	21	Primedi.	Staticé.
7	Septidi.	Muguet.	22	Duodi.	Fritillaire.
8	Octidi.	Champignon.	23	Tridi.	Bourrache.
9	Nonidi.	Hyacinthe.	24	Quartidi.	Valériane.
10	DÉCADI.	RATEAU.	25	Quintidi.	CARPE.
11	Primedi.	Rhubarbe.	26	Sextidi.	Fusain.
12	Duodi.	Sainfoin.	27	Septidi	Civette.
13	Tridi.	Bâton-d'or.	28	Octidi.	Buglose.
14	Quartidi.	Chamérisier.	29	Nonidi.	Sénevé.
15	Quintidi.	VER A SOIE.	30	DÉCADI.	HOULETTE.

PRAIRIAL, NEUVIÈME MOIS

1	Primedi.	Luzerne.	16	Sextidi.	Œillet.
2	Duodi.	Hémérocalle.	17	Septidi.	Sureau.
3	Tridi.	Trèfle.	18	Octidi.	Pavot.
4	Quartidi.	Angélique.	19	Nonidi.	Tilleul.
5	Quintidi.	CANARD.	20	DÉCADI.	FOURCHE.
6	Sextidi.	Mélisse.	21	Primedi.	Barbeau.
7	Septidi.	Fromental.	22	Duodi.	Camomille.
8	Octidi.	Martagon.	23	Tridi.	Chèvrefeuille.
9	Nonidi.	Serpolet.	24	Quartidi.	Caille-lait.
10	DÉCADI.	FAULX.	25	Quintidi.	TANCHE.
11	Primedi.	Fraise.	26	Sextidi.	Jasmin.
12	Duodi.	Bétoine.	27	Septidi.	Verveine.
13	Tridi.	Pois.	28	Octidi.	Thym.
14	Quartidi.	Acacia.	29	Nonidi.	Pivoine.
15	Quintidi.	CAILLE.	30	DÉCADI.	CHARIOT.

MESSIDOR, DIXIÈME MOIS

1	Primedi.	Seigle.	16	Sextidi.	Tabac.
2	Duodi.	Avoine.	17	Septidi.	Groseille.
3	Tridi.	Oignon.	18	Octidi.	Gesse.
4	Quartidi.	Véronique.	19	Nonidi.	Cerise.
5	Quintidi.	MULET.	20	DÉCADI.	PARC.
6	Sextidi.	Romarin.	21	Primedi.	Menthe.
7	Septidi.	Concombre.	22	Duodi.	Cumin.
8	Octidi.	Échalotte.	23	Tridi.	Haricot.
9	Nonidi.	Absinthe.	24	Quartidi.	Orcanète.
10	DÉCADI.	FAUCILLE.	25	Quintidi.	PINTADE.
11	Primedi.	Coriandre.	26	Sextidi.	Sauge.
12	Duodi.	Artichaut.	27	Septidi.	Ail.
13	Tridi.	Giroflée.	28	Octidi.	Vesce.
14	Quartidi.	Lavande.	29	Nonidi.	Blé.
15	Quintidi.	CHAMOIS.	30	DÉCADI.	CHALÉMIE.

THERMIDOR, ONZIÈME MOIS

1	Primedi.	Epeautre.	16	Sextidi.	Guimauve.
2	Duodi.	Bouillon-blanc.	17	Septidi.	Lin.
3	Tridi.	Melon.	18	Octidi.	Amande.
4	Quartidi.	Ivraie.	19	Nonidi.	Gentiane.
5	*Quintidi.*	BÉLIER.	20	DÉCADI.	ECLUSE.
6	Sextidi.	Prêle.	21	Primedi.	Carline.
7	Septidi.	Armoise.	22	Duodi.	Câprier.
8	Octidi.	Carthame.	23	Tridi.	Lentille.
9	Nonidi.	Mûres.	24	Quartidi.	Aunée.
10	DÉCADI.	ARROSOIR.	25	*Quintidi.*	LOUTRE.
11	Primedi.	Panis.	26	Sextidi.	Myrte.
12	Duodi.	Salicor.	27	Septidi.	Colza.
13	Tridi.	Abricot.	28	Octidi.	Lupin.
14	Quartidi.	Basilic.	29	Nonidi.	Coton.
15	*Quintidi.*	BREBIS.	30	DÉCADI.	MOULIN.

FRUCTIDOR, DOUZIÈME MOIS

1	Primedi.	Prune.	16	Sextidi.	Citron.
2	Duodi.	Millet.	17	Septidi.	Cardière.
3	Tridi.	Lycoperde.	18	Octidi.	Nerprun.
4	Quartidi.	Escourgeon.	19	Nonidi.	Tagette.
5	*Quintidi.*	SAUMON.	20	DÉCADI.	HOTTE.
6	Sextidi.	Tubéreuse.	21	Primedi.	Églantier.
7	Septidi.	Sucrion.	22	Duodi.	Noisette.
8	Octidi.	Apocyn.	23	Tridi.	Houblon.
9	Nonidi.	Réglisse.	24	Quartidi.	Sorgho.
10	DÉCADI.	ÉCHELLE.	25	*Quintidi.*	ECREVISSE.
11	Primedi.	Pastèque.	26	Sextidi.	Bigarade.
12	Duodi.	Fenouil.	27	Septidi.	Verge-d'or.
13	Tridi.	Épine-vinette.	28	Octidi.	Maïs.
14	Quartidi.	Noix.	29	Nonidi.	Marron.
15	*Quintidi.*	TRUITE.	30	DÉCADI.	PANIER.

LES SANCULOTTIDES

ou

JOURS COMPLÉMENTAIRES

1 Primedi.	Fêtes De la Vertu.
2 Duodi.	— Du Génie.
3 Tridi.	— Du Travail.
4 Quartidi.	— De l'Opinion.
5 *Quintidi.*	— Des Récompenses.

CORRESPONDANCE LITTÉRAIRE

LETTRE CCXCVII

(LA HARPE, *Œuvres*, édition Verdière, t. XII, p. 210-212)

(V. page 24, 1ʳᵉ partie : *les Almanachs politiques.*)

ous venons de voir un exemple, que je crois unique, d'une espèce de brigandage littéraire, dont l'impudence et le succès sont également remarquables. Un nommé Collot-d'Herbois s'est avisé de s'emparer d'une pièce de Voltaire, un drame en prose et en trois actes, intitulé *la Mort de Socrate.*

Ledit Collot en a changé le titre, parce qu'il en changeait aussi le dénouement, et l'a fait représenter au théâtre de Monsieur comme un ouvrage de lui ; et il l'a imprimé avec son nom à la tête, sous le titre de *Procès de Socrate.* Son intention était de faire de cette pièce une allusion à la procédure du Châtelet sur les attentats du 5 octobre, procédure qui venait d'être éteinte par un décret de l'Assemblée nationale. Il n'y avait rien là qui ressemblât le moins du monde à Socrate ; mais il s'agit de juges pervers contre lesquels le peuple se soulève à la fin de la pièce, et l'auteur s'est flatté que le public tournerait contre le Châtelet tout ce qu'on dit contre l'Aréopage et que cette disposition suffirait pour faire réussir la pièce. Il ne s'est pas trompé ; mais ce qui paraît presque inconcevable, c'est que personne n'a réclamé contre un plagiat aussi effronté. L'auteur, sans prendre aucune peine pour déguiser son larcin, s'est conduit comme ces voleurs qui se persuadent que le bien d'autrui est à eux. Dans une préface pleine de jactance, il parle de son ouvrage, de *son succès brillant*, et remarque seulement, comme par apostille, qu'il existe sur le même sujet une esquisse de Voltaire dont il a pris quelques traits pour *faire son tableau;* cette esquisse est précisément sa pièce en entier sans autre changement que celui de la dernière scène, où, donnant un démenti ridicule à l'histoire la plus connue, afin de se rapprocher de l'histoire du jour, il fait sauver Socrate par le peuple. D'ailleurs, ce sont les mêmes personnages, la même action, la même marche, le même dialogue de scène en scène à très peu de chose près ; c'est-à-dire qu'il a dérangé l'ordre de quelques scènes, la forme de quelques phrases : voilà tout, et c'est ce qu'il appelle son tableau. J'avoue que rien ne m'a jamais paru plus curieux, et que je n'ai pu le croire qu'en lisant les deux pièces à côté l'une de l'autre. Apparemment que le sieur Collot a cru que c'était là un des privilèges de la liberté, et c'est le cas de lui appliquer les deux vers de la *Métromanie*, en faisant comme lui et n'y changeant qu'un mot :

    La liberté, Monsieur, a ses licences, mais
    Celle-ci passe un peu les bornes que j'y mets... »

(Voy. page 151, deuxième partie : *les Almanachs littéraires.*)

« Le théâtre (dit La Harpe, en parlant du théâtre révolutionnaire) est retombé dans la plus pitoyable barbarie : nous sommes venus en ce genre au dernier degré de la turpitude. La liberté de tout dire, de tout mettre sur la scène, dispense depuis deux ans nos auteurs dramatiques de toute espèce de talent, de la plus légère connaissance de l'art. Ce sont des misères dont il n'est plus question, et pourvu que l'on mette sur la scène des moines, des religieuses, des curés, des évêques, des cardinaux, pourvu que l'on dise de grosses injures aux rois, un peu platement ampoulées, cet attrait populaire, qui a encore le mérite de la nouveauté, tient lieu de tout et fait tout passer, pour peu de temps, il est vrai. »

(*Correspondance*, t. IV, p. 232. — *Œuvres*, t. XIII.)

BIBLIOGRAPHIE

DES PRINCIPAUX

ALMANACHS DE LA RÉVOLUTION

1788.

— *Almanach de nos Grands Hommes* (par P.-L. Manuel), considérablement augmenté. Liège, 1788, in-12.

— *Almanach de Paris*, par Kremfeld. Paris, 1788, in-24.

— *Almanach des Honnêtes Gens*, par P. Sylvain Maréchal. Paris, l'an premier du règne de la raison (1788), in-4° d'une feuille [1]. — Réimprimé à Nancy, en 1836, chez Mme veuve Hissette, in-4° de 36 p.

— *Almanach du Diable*. (s. l.), 1788, in-18.

— *Almanach historique et chronologique de tous les spectacles*, de 1752 à 1789. (s. l.), in-16.

— *Almanach satirique*. (s. l.), 1788.

---

1. Le même ouvrage a paru sous une autre forme et avec des développements, en 1791 et en 1792, sous le titre de *Dictionnaire des Honnêtes Gens*.

— *Étrennes de Mnémosyne* (par Mme Poullin de Fleins). Paris, 1788-89, in-12.

— *Le Petit Almanach des Grands Hommes*, par Rivarol. Paris, 1788, in-18 [1].

1789.

— *Almanach brûlé ou à brûler.* (s. l.), 1789, in-12.

— *Almanach de Strasbourg, de l'Alsace ou du département du Bas-Rhin* (par J.-J. Oberlin). Strasbourg, 1789 à 1792, in-12.

— *Almanach de Versailles*, année 1789, contenant la description du château, du parc, des jardins et de la ville de Versailles, du grand et du petit Trianon, de Marly, la maison du Roy, celles de la Reine et de la famille royale, etc. Versailles, 1789, in-16.

— *Almanach de Vincennes, ou le Gentil Sorcier.* Paris, chez Maradan, 1789, in-12.

— *Almanach des Grâces, ou Étrennes érotiques chantantes.* Paris, chez Cailleau, 1784-1809, in-18, avec figures.

— *Almanach des Muses.* Paris, chez Delalain, 1765 à 1833, petit in-12, avec figures.

(Cet almanach a été dirigé, depuis 1765 jusqu'à 1798, par Sautreau de Marsy, puis par Vigée.)

— *Almanach des spectacles.* Paris, chez la veuve Duchesne, 1751 à 1815, in-18.

— *Almanach des traditions populaires.* (s. l.), 1789.

— *Almanach géographique* (par Brion de La Tour). Paris, 1789, in-18.

---

[1]. Il a été rangé par nous parmi les almanachs, parce que les almanachs littéraires, des Muses et autres y font de fréquentes allusions.

— *Almanach littéraire et Notice des ouvrages nouveaux*, avec gravures, par d'Aquin, 1777 à 1793, in-18.
— Paris, chez la veuve Duchesne et chez l'auteur, rue Saint-Jacques (Imprimerie de Clousier).

— *Almanach parisien*, en faveur des étrangers et des voyageurs, indiquant les monuments, spectacles, promenades, châteaux, parcs, etc., de Paris. Paris, 1789-1793, in-8.

— *Almanach parisien*, en faveur des étrangers et des personnes curieuses (par Hébert et Alletz). Paris, Duchesne, 1761-1790, in-16.

— *Almanach royal*, par d'Houry. Paris, 1669 à nos jours, in-4.

— *Calendrier patriotique*, calculé au méridien de Paimbœuf, pour l'année 1789, dédié à Mme la marquise de Bruc; à Paimbœuf, chez Thibault, 1789, in-18.

— *Étrennes au public* (par Cérutti), (s. l.), 1789, in-8.

— *Étrennes aux uns et aux autres* (par J. F. N. de Bergemont). Paris, 1789, in-12.

— *Les Étrennes de mon cousin, ou l'Almanach pour rire* (par Carrière-Doisin), avec gravure. Falaise et Paris, 1787-1789, in-12.

— *Étrennes financières* (par D. Morlin). Paris, 1789, in-8.

— *Étrennes lyriques anacréontiques*. Paris, 1789-1795, in-12.

— *Étrennes nationales, curieuses et instructives*, enrichies de figures, d'anecdotes historiques pour l'année 1789, avec gravures. Paris, 1789, in-32.

— *Mon Bouquet et vos étrennes*, hommage offert à madame Bailly, 1789.

— *Le Petit Almanach de nos Grandes Femmes*, accompagné de quelques prédictions pour l'année 1789. Londres, 1789, in-16.

— *Le Portefeuille du patriote*. (s. l.), 1789, in-12.

1790.

— *Almanach des Colonies.* (s. l.), 1790, in-18.
— *Almanach des Députés à l'Assemblée nationale.* (s. l.), 1790, in-12.
— *Almanach des Douze Ministres.* Paris, hôtel Châteauvieux, 1790, in-32.
— *Almanach des Françoises célèbres par leurs vertus, leurs talens ou leur beauté*, dédié aux dames citoyennes qui les premières ont offert leurs dons patriotiques à l'Assemblée nationale. Paris, chez Lejay fils, 1790, in-16, avec figures.
— *Almanach des Honnêtes Femmes pour l'année* 1790 (obscène). De l'imprimerie de la société joyeuse, 1790, in-8.
— *Almanach des Métamorphoses nationales.* (s. l.), 1790, in-12.
— *Almanach des Patriotes françois, ou Précis des Révolutions de* 1789. Paris, chez Lagrange, 1790, in-18.
— *Almanach du Club de Valois.* Paris, 1790, in-18.
(Se vend au Club, passage de Valois, arcade du Palais-Royal, 177.)
— *Almanach et Calendrier de la Cour* (s. l.), 1790 à 1829.
— *Almanach historique du district et du bataillon de Saint-Martin des Champs.* (s. l.), 1790.
— *Almanach militaire de la Garde nationale parisienne.* (s. l.), 1790, in-12.
— *Almanach militaire national.* (s. l.), 1790.
— *Almanach national pour l'année* 1790. Paris, chez Cuchet, 1790, in-8.
— *L'Abeille aristocrate, ou Étrennes des honnêtes gens.* A Rome et à Paris, 1790, in-8.
— *Les Bêtises*, almanach. (s. l.), 1790, in-8.
— *Bon jour, bon an, vive la liberté!* (Étrennes patriotiques; chez Laurent junior, avec gravure. (s. l.), 1790, in-12.

— *Étrennes à la vérité, ou Almanach des Aristocrates.* A Spa, chez Clairvoyant, 1790, in-8, avec figures.

— *Étrennes aux amateurs de Vénus.* Paphos, 1790, avec figures (obscène).

— *Étrennes aux f..... démocrates, aristocrates, ou le Calendrier des trois sexes.* Cythère, 1790, avec fig.

— *Étrennes aux Grisettes* (obscène). (s. l.), 1790, in-8.

— *Étrennes aux Parisiens patriotes, ou Almanach militaire national de Paris*, par MM. Bretelle et Alletz (s. l.), 1790.

— *Étrennes aux rédacteurs du Courrier de Lyon*, par J.-N. Chassaignon. Autun, 1790, in-8.

— *Étrennes nationales*, dédiées à la Liberté françoise. 1790, in-18, avec gravures et portraits.

— *Galatée*, almanach pour 1790. (s. l.), in-24, avec figures.

— *La Lanterne magique, ou le Fléau des Aristocrates*, étrennes d'un patriote, dédiées aux François libres, ornées d'estampes et de couplets analogues. Berne, 1790, in-32.

(Se vend aussi chez Mme Dubois, libraire, boulevard du Temple.)

— *Le Croquis des Croqueurs*, pot-pourri national, ou *Almanach croustillant*, à Croque-Marmot ; chez Croquant, libraire, rue Croquée, vis-à-vis d'une marchande de croquets. 1790, in-24.

— *L'Esprit du siècle, ou les Prestiges de l'imagination.* Paris, chez Jubert, doreur (vers 1790). — *Le Nécessaire des Dames et des Messieurs, ou Dépositaire fidèle et discret*, composé d'un papier nouveau (vers 1790). 2 part. en 1 vol. in-16, titre et texte grav., jolies fig.

> Cet almanach rare, entièrement gravé, est orné de douze charmantes figures, non compris le frontispice, gravées par Dorgez, dans le genre de celles de Moreau le jeune, qui ornent l'ouvrage intitulé : *Tableau de la bonne compagnie* (par Restif de la Bretonne). Ces figures, très intéres-

santes au point de vue du costume, portent comme légende : *Les Folies amoureuses, le Conseil facile à suivre, le Batelier vindicatif, l'Esprit du siècle*, etc., etc.

— *Le Nostradamus moderne*, almanach national et patriotique, avec des changements notables dans le calendrier et des prédictions pour chaque mois; enrichi d'anecdotes et de traits remarquables, etc. A Liège et à Paris, 1790, in-18.

— *Le Portefeuille d'un Chouan*. (s. l.), 1790, in-18.

— *Le Régiment de la Calotte, ou Étrennes patriotiques* dédiées à tous les ordres religieux réformés; chez Laurens *junior*, 1790, in-8.

1791.

— *Almanach de tous les Saints de l'Assemblée nationale*, qui doivent se réunir dans la vallée de Josaphat après la Constitution. Paris, 1791, in-12.

— *Almanach des Aristocrates, ou Chronologie épigrammatique des Apôtres de l'Assemblée nationale*, avec frontispice. Rome, 1791, in-12.

— *Almanach des demeures des ci-devant Nobles résidant à Paris*, et celles des Avocats, Notaires, etc. Paris, 1791-1792, 2 vol. in-12.

— *Almanach d'éducation*. (s. l.), 1791, avec figures.

— *Almanach des 83 départements, ou Almanach national géographique*, dédié aux Défenseurs de la Liberté, aux Amis de la Révolution, et particulièrement aux Dames, par M. Champin. (s. l.), 1791 et 1792, in-18.

— *Almanach des Trépassés*. (s. l.), 1791.

— *Almanach du Père Duchesne, ou le Calendrier des bons citoyens*, ouvrage b......... patriotique. Paris, chez Tremblay, 1791, in-12.

— *Almanach du peuple*. (s. l.), 1791-1792.

— *Almanach du Trou-Madame*, jeu très ancien et

très connu et la cause de presque toutes les Révolutions (obscène). Paris, chez Cuchet, 1791, in-18.

— *Almanach européen.* Paris, 1791, in-18.

— *Almanach général du département de Paris pour l'année 1791*, in-12; dédié à M. Bailli. A Paris, chez le rédacteur, rue Dauphine, 113.

— *Almanach général des Spectacles.* Paris, chez Froullé, 1791-1792, in-18.

— *Almanach pour 1791.* Paris, in-18.

— *Calendrier du Père Duchesne, ou le Prophète Sac-à-diable.* Paris, Duchesne, 1791, in-18.

— *Espiègleries de l'amour* (Les), almanach pour 1791. Paris, 1791, in-18, avec figures.

— *Étrennes à la Noblesse,* par J.-A. Dulaure. Londres et Paris, 1791, in-8.

— *Étrennes aux Douze-Cents* (Mes), ou *Almanach des Députés à l'Assemblée nationale,* avec des notes critiques et aristocratiques. (s. l.), 1791, in-12.

— *Étrennes de la Vertu pour l'année 1791,* contenant les actions de bienfaisance, de courage, d'humanité, etc., qui se sont faites dans l'année 1790. Paris, 1791, petit in-12.

— *Étrennes lyriques anacréontiques,* présentées à Madame. Paris, 1791, in-12.

— *Étrennes patriotiques* (par Coste). Paris, 1791, in-12.

— *Le Guide national, ou l'Almanach des adresses, à l'usage des honnêtes gens,* suivi d'un Recueil d'épigrammes, de chansons, de couplets et de vers en l'honneur de l'Assemblée nationale. De l'imprimerie de la Liberté, à Paris, 1791, in-12, avec figures.

— *Le Nostradamus moderne, ou Almanach prophétique des grands événements pour l'année 1791.* A Chambéry et à Paris, 1791, in-12, avec gravure.

— *Le Portefeuille du Bonhomme.* Londres, 1791, in-18.

1792.

— *Almanach de Coblentz, ou le plus joli des Recueils catholiques, apostoliques et françois* (avec gravure), à l'usage de la belle jeunesse émigrée, émigrante et à émigrer. Paris, chez Lallemand, 1792, in-12.

— *Almanach de l'abbé Maury, ou Réfutation de l'Almanach du Père Gérard*, couronné par la Société des Amis de la monarchie, séante à Coblentz. A Coblentz et à Paris, 1792, in-32.

— *Almanach de Nancy.* Nancy, 1792, avec figures, in-12.

— *Almanach du Père Gérard pour l'année 1792,* la troisième de l'ère de la Liberté [1]. 1792, in-18 et in-32, avec douze figures en taille-douce.

— *The Almanach of Goodman Gerard.* London, Ridgway, 1792, in-12.

— *Almanach des Adresses de Paris et de celles des Députés de l'Assemblée législative.* Paris, 1792, in-12.

— *Almanach des Émigrants,* avec gravure. A Coblentz, 1792, de l'imprimerie des Princes, in-18.

— *Almanach des Grands Spectacles (Petit).* (s. l.), 1792.

— *Almanach des Honnêtes Gens* (par Ventre de Latouloubre, plus connu sous le nom de Galard de Montjoie). Paris, 1792-93, in-18.

— *Almanach de la Mère Gérard.* Paris, chez Bouqueton, 1792, in-32.

— *Almanach du Juré françois pour l'année 1792,* présenté à l'Assemblée nationale par Osselin. Paris, chez Rochette, 1792, in-8.

---

1. On en a fait une réimpression en 1830. Paris, in-12.

— *Almanach historique,* par Rouy l'aîné. Paris, Janet, 1792, in-18.

— *Almanach historique et critique des Députés à la première Assemblée législative,* avec gravure analogue à leur mérite. Coblentz et en France, 1792, in-12.

— *Almanach historique de la Révolution françoise pour l'année* 1792, par J.-P. Rabaut. Paris, impr. Didot l'aîné (1792), in-16.

> Ce volume est orné de six jolies figures, par Moreau le jeune, gravées par de Longueil, etc.

— *Almanach national géographique,* utile aux citoyens de toutes les classes et de tous les départements, avec une carte du département de Paris. Paris, chez la veuve Duchesne, 1792.

— *Almanach (physiognomischer) für das Iahr* 1792. Berlin, bei Johann Friedrich Unger, in-12, avec gravures de Chodowiecki.

— *Almanach philosophique,* par L.-R. Barbet (s. l.), 1792, in-12.

— *Almanach royal.* Paris, chez Testu, 1792, in-18.

— *Almanach royal des Tribunaux* et Corps administratifs du département de Paris, par J.-L. Mascré. Paris, 1792, in-12.

— *Almanach royaliste, ou la Contre-Révolution* prédite par Michel Nostradamus pour l'année bissextile 1792 (s. l.).

— *Ami du Roi (L'),* almanach des honnêtes gens, avec des prophéties pour chaque mois de l'année. Paris, 1792, chez l'apothicaire de la démocratie, au Palais-Royal, in-1.

— *Les Entretiens de la Mère Gérard en France,* aux dépens de toutes les sociétés fraternelles. (s. l.), 1792, in-32.

— *Étrennes au beau sexe, ou la Constitution mise en chansons,* suivie de notes et vaudevilles constitutionnels. Paris, 1792, in-18.

— *Étrennes de Félicité* (par Bayard de Plainville). Cythère, 1792, in-12.

— *Étrennes mignonnes, curieuses et utiles*, contenant les événemens les plus remarquables et les principaux décrets de l'Assemblée nationale. Paris, chez Guillot, 1792, in-18.

— *Étrennes nanceyennes pour l'année bissextile de 1792*, par Gentillâtre. (s. l.), 1792.

— *Étrennes nationales curieuses et instructives*, avec gravure. Paris, chez Cailleau, 1792, in-18.

— *Étrennes pour les citoyens-soldats*, avec figures. (s. l.), 1792.

— *Étrennes spirituelles* (par l'abbé Buée). Paris, 1792, in-8.

— *La Constitution en vaudevilles*, almanach civique, par Marchant, suivie des Droits de l'homme, de la femme et de plusieurs autres vaudevilles constitutionnels. Paris, 1792, in-32.

— *Les Folies nationales*, pour servir de suite à la Constitution en vaudevilles, par Marchant. Paris, 1792, in-32.

— *Le Guide national, ou Almanach des adresses des bonnes gens*. (s. l.), 1792, in-18.

— *Le plus précieux de tous les Almanachs*, contenant des moyens sûrs pour se garantir des faux assignats. (s. l.), 1792, in-18.

— *Les Lubies d'un aristocrate*, almanach nouveau. Paris, chez Francion, 1792. (s. l.), in-18 avec gravure.

— *Le Tableau sentimental de la France depuis la Révolution*. (s. l.), 1792, in-18.

— *Le Trésor des Almanachs*, étrennes nationales, curieuses et instructives, contenant les époques les plus intéressantes de l'histoire de France. Paris, Cailleau, 1792, avec gravures.

— *Le Triomphe de la Liberté et de l'Égalité*. (s. l.), 1792.

— *Les Veillées de la Mère Gérard*. (s. l.), 1792.

AN II (1793).

— *Almanach à deux têtes, en deux parties.* (s. l.), 1793, in-32.

— *Almanach chantant pour l'an II* (attribué à Saint-Just). Paris, chez Du Pont, an II, in-8.

— *Almanach de la Raison*, par le républicain Ésope Desloges, sourd et muet, habitant la maison nationale de Bicêtre. Paris, chez Desloges, an II, in-12.

— *Almanach de poche (Nouvel).* (s. l.), 1793, in-18, avec figures.

— *Almanach des Catholiques romains.* (s. l.), 1793.

— *Almanach des Français,* an II, in-18.

— *Almanach des Honnêtes Gens*, contenant des prophéties pour chaque mois de l'année 1793, des anecdotes peu connues sur les journées des 10 août, 2 et 3 septembre 1792, et la liste des personnes égorgées dans les différentes prisons, la liste des prisonniers d'Orléans égorgés à Versailles. Paris, 1793, in-18, avec figures.

— *Almanach des plus belles pensées de Rousseau* (s. l.), an II.

— *Almanach des Républicains*, pour servir à l'instruction publique, rédigé par Sylvain Maréchal, auteur de l'*Almanach des Honnêtes Gens*. Paris, chez les directeurs de l'imprimerie du Cercle social, 1793, in-18.

— *Almanach du Bonhomme ou Petit Dictionnaire*, très utile pour l'intelligence des affaires présentes. Paris, 1793, in-18.

— *Almanach du Nouveau Monde.* (s. l.), 1793.

— *Almanach du Père Duchesne, ou le Calendrier des bons citoyens.* Paris, chez Tremblay, 1793, in-16.

— *Almanach du Peuple.* (s. l.), 1793.

— *Almanach du Républicain*, par Rousseau-Jaquin et Étienne Dupin (mensuel). Paris, an II, in-12.

— *Almanach historique, ou Recueil de tous les grands événements* qui sont arrivés, jour par jour, dans les armées, à la Convention nationale, par Rouy l'aîné. Paris, 1793, in-12, avec gravures.

— *Almanach historique et généalogique pour l'année* 1793, avec figures. Berlin, 1793, in-12.

— *Almanach illustré du Bulletin des Halles* (s. l.), 1793.

— *Almanach national de France*, année commune 1793, an II de la République. (s. l.), in-24.

— *Almanach national portatif*, à l'usage de Paris et des départements. Paris, chez Briand, 1793, in-12.

— *Almanach patriotique*. (s. l.), 1793.

— *Almanach pour l'an II de la République française*, en français et en anglais. (London), in-12.

— *Almanach républicain*, par Saint-Vallié. Dunkerque, 1793, in-16.

— *Almanach républicain perpétuel des cultivateurs*, par un professeur d'architecture rurale (F. Cointereau). Paris, 1793, in-4.

— *Almanach sur l'état des comédiens en France*, et leurs droits défendus comme citoyens, par l'auteur de l'*Ami des Loix* (J.-L. Laya). Paris, Laurent jeune, février 1793, in-18.

— *Annuaire du Républicain, ou Légende physico-économique*, avec l'explication des 372 mots imposés aux mois et aux jours, par Eleuthérophile Millin. Paris, chez Drouhin, an II, in-18.

— *Brutus, ou Tableau historique des Républiques* tant anciennes que modernes, où l'on voit leur origine et leur établissement, ainsi que les causes de leur décadence et de leur ruine, précédé d'observations sur la réforme de l'ère vulgaire et du nouveau Calendrier, par le citoyen Bulard, de la section de Brutus. An II (1793), in-18.

— *Le Calendrier d'Émilie*. (s. l.), 1793.

— *Calendrier de la République françoise* (Nouveau), par Gracchus Babœuf. Paris, an II.

— *Calendrier du Peuple franc.* Angers, an II, in-18.
— *Calendrier du Républicain français.* Paris, place des Quatre Nations, an II, in-18.
— *Calendrier historique.* An II (s. l.), in-18.
— *Calendrier pour l'an II (Nouveau).* An II, in-18 (s. l.).
— *Calendrier républicain*, accepté par la Convention, chez Quéverdo et Piquet, an II (s. l.).
— *Chansonnier de la Montagne.* (s. l.), an II, in-18, avec gravure.
— *Décadaire républicain, ou Calendrier des vertus*, par le citoyen Desforges. Paris, chez Pain, an II, in-12.
— *Dieu soit béni !* almanach national pour l'année 1793, avec pronostication pour l'année 1793 par l'inspecteur astrologue. Lyon, 1793, in-18.
— *Étrennes aux Émigrés, ou les Émigrans en route* (par Jacquemart). Paris, 1793, in-12.
— *Étrennes de la Vertu* (par Robert Estienne). Paris, 1793, in-18.
— *Étrennes des Républicains français.* (s. l.), an II.
— *Étrennes de l'Orateur du genre humain aux Cosmopolites* (par A. Clootz). Paris, 1793, in-8.
— *Étrennes du moment, ou Almanach des Sans-Culottes*, par le citoyen Timoléon. Paris, chez Demoraine, 1793, in-18, avec eau-forte.
— *Étrennes du Parnasse et républicaines*, avec mélanges de littérature françoise et étrangère et des anecdotes qui répandent un jour sur les circonstances du temps. (s. l.), 1793, in-12.
— *Étrennes en vaudevilles législatifs.* Paris, 1793, in-18, avec gravure, suivi d'un Recueil de chansons constitutionnelles et civiques qui ont paru pendant l'année 1791.
— *Étrennes patriotiques aux armées françaises.* Paris, chez Girod et Tessier, 1793, in-32.
— *Étrennes poétiques et morales*, par une citoyenne. (s. l.), 1793, in-18.

— *La Muse républicaine*, almanach chantant. (s. l.), 1793, in-24.

— *La République en vaudevilles*, avec gravure. Paris, 1793, in-18.

— *Le Magicien républicain, ou Almanach des Oracles*, par Rouy l'aîné. Paris, 1793, in-18.

— *Le Portefeuille d'un Émigré*, almanach un peu philosophique, distribué alphabétiquement, par M. de L.... Paris, 1793, in-18.

— *Le Républicain françois*, almanach très utile. (s. l.), 1793.

— *Les Goguettes parisiennes, ou l'Almanach jovial.* Paris, chez Janet, 1793, in-24, avec gravures.

— *L'Évangile des Républicains*, par P. Salles. Paris, chez Lallemand, an II, in-32, avec gravure.

— *L'Oracle français.* Paris, 1793, in-18.

AN III (1794).

— *Almanach agricole (Petit)* pour l'an III. (s. l.), 1794, in-8.

— *Almanach d'Aristide, ou du Vertueux Républicain*, par le citoyen Bulard, de la section de Brutus. Paris, chez Caillot, an III, in-32, avec gravure.

— *Almanach de la Convention nationale.* Paris, chez Bufart, an III, in-18, avec gravure.

— *Almanach de la Mère Gérard.* (s. l.), an III, in-32, avec gravure.

— *Almanach de Mathieu Laensberg.* (s. l.), 1794, in-18.

— *Almanach de Paris.* Paris, Janet, an III, in-12.

— *Almanach des Aristocrates, ou Chronologie épigrammatique des Apôtres de l'Assemblée nationale.* Rome, an III, in-16.

— *Almanach des Bergers.* (s. l.), 1794.

— *Almanach des Campagnes, ou l'Ami des Cultivateurs.* (s. l.), an III.

— *Almanach des Gens de bien*, par Montjoye. Paris, 1794 à 1797, in-18.

— *Almanach des Prisons, ou Anecdotes sur le régime intérieur* de la Conciergerie, du Luxembourg, etc., et sur différents prisonniers qui ont habité ces maisons sous la tyrannie de Robespierre, avec les chansons et couplets qui y ont été faits, par Coissin (en deux parties). Paris, chez Michel, an III, in-32, avec gravures.

Il a paru quatre éditions, dans l'an III, de ce même Almanach.

— *Almanach des Sans-Culottes*, par Gassier et Théodore. (s. l.), an III, in-18, avec gravure.

— *Almanach des Sans-Culottes* (par l'abbé Mulot). Paris, 1794, in-18.

— *Almanach indicatif des rues de Paris*. Paris, chez Janet, an III, in-12, avec plan colorié.

— *Almanach journalier pour l'année 1794*. A Liège, chez S. Bourguignon, 1794.

— *Almanach républicain*, dédié à tous les amis de la Révolution, par H. Blanc et X. Bouchard. Paris, chez la veuve Hérissant, an III, in-12, avec vignette.

— *Annuaire de Romme, ou Annuaire du Cultivateur*, avec gravure, offert à la Convention, le 30 pluviôse an II. Paris, Imprimerie nationale des Lois, an III.

— *Le Bonnet rouge, ou le Retour du Siècle d'or*. (s. l.), an III, in-32, avec gravure.

— *Le Chasseur et la Meunière*, almanach chantant. Paris, 1794.

— *Calendrier perpétuel*. Paris, chez Bourgoin, an III.

— *Calendrier pour l'an III de la République française*. Paris, chez Basset, an III, in-16.

— *Calendrier des Sans-Culottes*. (s. l.), an III, in-24.

— *Décades des Cultivateurs*, par Sylvain Maréchal. (s. l.), an III, in-18.

— *Les Deux Despotismes détruits*, almanach philosophique pour l'an III, par le citoyen Bouvet. Lille, an III.

— *Étrennes à la Noblesse*, par J.-A. Dulaure. Londres et Paris, an III, in-8, avec gravure.

— *Étrennes des Républicains français.* (s. l.), 1794.

— *Office des décadis provisoires*, ou Discours, hymnes et prières en usage dans le temple de la Raison, par les citoyens Chénier, Dulaurens, etc. 1794, in-8.

— *Le Petit Sans-Culotte*, almanach chantant, dédié aux belles républicaines. (s. l.), an III, in-32.

AN IV (1795).

— *Almanach ou Abrégé chronologique de l'Histoire de la Révolution de France*, par Richer, contenant les causes et les principaux détails de ce grand événement. (s. l.), ans IV, V et VI, in-32.

— *Almanach dédié à la Convention nationale.* (s. l.), an III, in-12.

— *Almanach des Campagnes, ou l'Ami des Cultivateurs.* (s. l.), 1795.

— *Almanach des Gens de bien et des Honnêtes Gens*, (attribué à Montjoye). Paris, 1795-1797, avec gravure.

— *Almanach des plus jolies femmes du Palais-Égalité, ou les Plaisirs de l'Amour*, suivi de la liste des principaux enrichis de la Révolution. (s. l.), 1795, in-12.

— *Almanach des Victimes de la Révolution pour 1794-1795.* A Chemnitz, in-32.

— *Almanach révolutionnaire*, par le citoyen André. (s. l.), 1795.

— *Almanach royaliste pour l'année 1795*, troisième du règne de Louis XVII, dédié à Monsieur Régent de France, avec vignette (attribué au comte J. de Puisaye). A Nantes, et se trouve dans toutes les villes de la Bretagne, de la Normandie, du Poitou, du Maine, du Perche, de l'Anjou, etc., et bientôt dans toute la France, 1795, in-12.

— *Annuaire du Lycée des Arts.* (s. l.), 1795.

— *Calendrier des Tyrans.* (s. l.), 1795, in-18.
— *Les Délassements d'un philosophe.* (s. l.), an IV.
— *Étrennes aux Amateurs du bon vieux temps, ou le Mathieu Laensberg* anti-jacobite. (s. l.). Pour l'année de grâce 1795, in-18.
— *Göttingicher Taschenkalender* (par G. C. Lichtenberg). Gœttingue, 1776-1799, in-16. (Voir surtout l'année 1794, avec les gravures d'Hogarth.)
— *Patriot's Calender* for the year 1795, cont. the usual english almanac, the french calender, Chenier's hymn to liberty in french, the words and music of *Ça ira*, the Marseilloise hymn, the Carmagnol and the Chant civique. London, 1795, in-12.
— *Revolution's Almanach.* Gœttingue, 1794-1802, in-12.
— *Taschenbuch für die neue Geschichte*, par le Dr Ernst Louis Posselt, avec gravures. Nuremberg, 1794-1795, in-18.
— *Vrai Liégeois.* (s. l.), 1794, in-18.

ANS V ET VI (1796-1797).

— *Almanach de santé.* (s. l.), 1797.
— *Almanach des Bizarreries humaines, ou Recueil d'anecdotes sur la Révolution*, dédié à l'instruction des petits et grands enfants (par M.-J.-C. Bailleul). Paris, chez Bailleul, an V, in-12.
— *Almanach des Femmes célèbres* par leurs vertus, leur science et leur courage, pour l'an VI, par J.-P.-L. Bruyère. Paris, chez Mlle Durand, an VI, in-18.
— *Almanach des Honnêtes Gens.* (s. l.), 1797, in-18.
— *Almanach des Gens de bien.* Paris, au bureau du Journal général de France, 1796, in-18, avec gravures.
— *Almanach des Gens de bien pour* 1797, avec gravure. Paris, chez tous les marchands de nouveautés.
— *Almanach des Honnêtes Gens de* 1797, par P. Salles. Paris, 1797, in-18, avec gravure.

— *Almanach* ou *Abrégé chronologique de l'Histoire de la Révolution de France*, par Richer. Paris, Rochette, 1796, in-18.

— *Almanach universel*, ou *Étrennes comme il y en a peu*. (s. l.), 1796.

— *Almanach des Tribunaux pour l'an* 1797. Paris, in-12.

— *Almanach des vrais royalistes français*. Paris, 1796, in-18.

— *Almanach du Bonhomme Misère*, par Collinger fils. Paris, chez Aubry, an V, in-32, avec gravure.

— *Annuaire d'Hercule*. Paris, 1796, in-24.

— *Les Adieux de Marie-Thérèse-Charlotte de Bourbon*, par d'Albins, avec portrait. Bâle, 1797, in-12.

— *Étrennes des Bons Français pour* 1797 (s. l.).

— *Les Étrennes des Honnêtes Gens, ou la République traitée comme elle le mérite*. Paris, 1797, in-18.

— *Les Étrennes du Peuple au Directoire, aux deux consuls et à l'ami Cochon* (s. l.), 1797.

— *Étrennes véritables des Honnêtes Gens (Nouvelles)*. Londres, Vienne et Paris, 1797, in-18.

— *Le Portefeuille d'un Chouan*, par Villiers. A Pentarchipolis, de l'imprimerie des Honnêtes Gens, 1796, in-24.

— *Les Souvenirs de l'Histoire, ou le Diurnal de la Révolution de France* pour l'an de grâce 1797. Chez Bridel, 1797, in-12 (en deux parties).

ANS VII et VIII (1798-1800).

— *Almanach de l'Armée royale*. (s. l.), 1800, in-18.

— *Almanach des Campagnes*. Beauvais, an VII, in-8.

— *Almanach des Femmes célèbres*. (s. l.), 1798.

— *Almanach des Honnêtes Gens*, par un déporté. A la Cayenne et Paris, 1800, in-18.

— *Almanach des Honnêtes Gens pour l'année* 1799 avec frontispice. (s. l.).

— *Almanach des Honnêtes Gens pour l'an VIII*, par Cotinet. (s. l.), in-12.

— *Almanach des Mécontents*, armés pour le Roi dans plusieurs villes de France, avec gravure. 1800, de l'imprimerie de l'Armée royale, in-18.

— *Almanach des Physiciens*, par le citoyen Lalande, astronome. Paris, chez Laurens, an VIII, in-18.

— *Almanach des Rentiers*, dédié aux affamés pour leur servir de passe-temps, par un Auteur inscrit sur le Grand-Livre (par A. C. Cailleau). Paris, chez Cailleau, 1800, in-18.

— *Almanach des Ridicules*. Paris, an IX, de l'impririe des Sourds-Muets, in-18.

— *Almanach des Variétés, ou les Roses du Vaudeville* (chansons). (vers 1800), in-18, fig.

— *Almanach du Bataillon des Volontaires de la garde nationale*. 1799. (s. l.), avec gravure.

— *Almanach du bon vieux temps.* (s. l.), an VIII.

— *Almanach du Chrétien, pour l'an de grâce* 1799, in-8 (s. l.).

— *Almanach du XIXe siècle, ou Étrennes du Bon vieux temps*. Paris, chez Michel, an IX, in-18, avec gravure.

— *Almanach historique et révolutionnaire, ou Précis historique de toute la Révolution française*, par le citoyen André. 1798. (s. l.).

— *Almanach géographique pour l'an VIII*, par Lalande. Paris, 1799, in-18.

— *Almanach violet pour l'an* 1798. Paris, 1798, in-18.

— *Annuaire de la République française*. Le Kaire, imprimerie nationale, ans VIII-IX, in-4.

— *Calendrier français et grec pour l'an VII de la République*. Corfou, de l'imprimerie nationale, in-16 (département d'Ithaque et de la mer Égée).

— *La Constitution en vaudevilles*, œuvre posthume d'un homme qui n'est pas mort, publiée par lui-même et dédiée à Madame Buonaparte, née Beauharnais, par Villiers, avec gravure. Paris, de l'imprimerie de la Constitution, an VIII, in-32.

— *Étrennes aux Amis du Dix-Huit, ou Almanach pour l'an de grâce* 1798, par l'abbé A. Guillon de Montléon. Paris, de l'imprimerie des Théophilanthropes, an VII, petit in-8, avec gravure.

— *Étrennes de Bonaparte aux François*, (s. l.), 1799, in-18.

— *Étrennes dramatiques* (par Fabien Pillet). Paris, 1798, in-18.

— *Étrennes religieuses*. Bruxelles, 1798, in-18.

— *Répertoire ou Almanach historique de la Révolution*, du 22 février 1787 à l'an VIII; avec tables (4 parties) (par H. de Boischevallier). Paris, chez Lefort, ans VII-IX.

— *Souvenez-vous-en, ou Étrennes de Madagascar*. Paris, 1798, in-18.

— *Les Vautours du XVIII° siècle, ou les Crésus modernes*, par A. A. Denis (avec gravure). Paris, 1798, in-18.

N. B. — Si le lecteur désire avoir quelques renseignements sur les almanachs qui ont précédé ceux de la Révolution, il peut consulter avec intérêt l'*Esprit des Almanachs*, paru chez Blanchon en 1789, *les Recherches sur les almanachs les plus anciens* depuis la mort de Louis XIV jusqu'à la fin de 1740 (Mélanges historiques, satiriques et anecdotiques de M. de Bois-Jourdain, tome III, Paris, 1807, in-8°); un article de M. Victor Champier sur *les Almanachs illustrés* aux XVII° et XVIII° siècles (V. la Livr. du 10 décembre 1883), et l'*Histoire des livres populaires*, par Charles Nisard (2 vol., Amyot, 1854, in-8).

TABLE

	Pages
Préface	I
Les Almanachs politiques.	1
Les Almanachs littéraires.	113
Les Almanachs techniques.	173

Pièces annexes :

L'Arrestation de Mesdames à Arnay-le-Duc.	189
Rapport de Fabre d'Eglantine au nom du Comité d'Instruction publique	191
Annuaire ou Calendrier de la République française.	208
Un plagiat de Collot d'Herbois. — Correspondance littéraire de La Harpe, lettre ccxcvii.	219
Jugement de La Harpe sur le théâtre révolutionnaire.	217
Bibliographie des principaux almanachs de la Révolution.	219

www.ingramcontent.com/pod-product-compliance
Lightning Source LLC
Chambersburg PA
CBHW070651170426
43200CB00010B/2195